CRIE MENINOS EMOCIONALMENTE SAUDÁVEIS

Diretora-executiva
Renata Sturm

Diretor Financeiro
Guther Faggion

Administração
Alberto Balbino

Editor
Pedro Aranha

Preparação
Ana Paula Argentino

Revisão
Pedro Marchi

Marketing e Comunicação
Matheus da Costa, Bianca Oliveira

Direção de Arte e diagramação
Rafael Bersi

DADOS INTERNACIONAIS DE CATALOGAÇÃO NA PUBLICAÇÃO (CIP)
ANGÉLICA ILACQUA – CRB-8/7057

Thomas, David

Crie meninos emocionalmente saudáveis : uma visão cristã sobre a criação de filhos / David Thomas. -- São Paulo : Maquinaria Sankto Editora e Distribuidora Ltda, 2025.

192 p.

ISBN 978-85-94484-90-1

Título original: Raising Emotionally Strong Boys

1. Parentalidade – Aspectos religiosos 2. Filhos – Criação – Aspectos religiosos 3. Saúde mental I. Título

25-2746 CDD 649.132

Índice Para Catálogo Sistemático:
1. Parentalidade – Aspectos religiosos

Rua Pedro de Toledo, 129 – Sala 104
Vila Clementino – São Paulo – SP, CEP: 04039-030
www.sankto.com.br

DAVID THOMAS

CRIE MENINOS EMOCIONALMENTE SAUDÁVEIS

Uma visão cristã sobre a criação de filhos

sanktō

SUMÁRIO

Para Lily, Baker e Witt.

Ser pai de vocês tem sido minha maior alegria nesta vida.

PREFÁCIO

Os meninos são criaturas desconcertantes. Eles são adoráveis, hilários, selvagens e completamente intrigantes. É por isso que tenho visto literalmente milhares de pais – principalmente mães – sentados, paralisados, ouvindo e aprendendo com meu amigo David Thomas. Sim, no começo eles ficam paralisados. E, então, vejo um alívio profundo e cheio de esperança inundá-los. Meu filho é normal.

É realmente uma mudança de vida para todas as mães, e todos os adultos que amam um menino, ouvir David – que tem aconselhado meninos e suas famílias por quase três décadas – dizer que seu filho pequeno (ou grande) é ativo, agressivo e curioso porque deve ser assim. Na verdade, um menino age antes de pensar. Que tudo isso faz parte da forma como Deus projetou seu cérebro para se desenvolver. E há maneiras de interagirmos com ele que falam especificamente desse design. Portanto, isso pode até ajudá-lo a ouvir também.

Tenho a honra de trabalhar ao lado de David desde 1997. Praticamente crescemos juntos nessa incrível casa amarela chamada Daystar, onde ambos temos o grande privilégio de aconselhar crianças e famílias. (Nós dois começamos quando tínhamos seis anos... brincadeira — tínhamos vinte e poucos anos). Desde aquela época, já palestramos para milhares de pais em todo o mundo. Costumávamos brincar que ele era o Donny da minha Marie, até que os pais de nosso público perceberem que eram jovens demais para saber quem eram Donny e Marie. Trabalhamos nisso há tanto tempo. Se você é um desses pais pós-Donny e Marie, basta dizer que somos grandes amigos que são como irmão e irmã talvez bem mais velhos do que você. Isso significa que tive um lugar na primeira fila para ver esse homem impactar profundamente não apenas meninos de todas as idades, mas também seus pais e avós. E agora tenho a oportunidade de ouvi-lo e aprender com ele de uma maneira totalmente nova.

No momento em que este livro está em fase de lançamento, tenho um sobrinho de três anos de idade e outro menino a caminho em apenas alguns meses. Venho de uma família de meninas e, obviamente, sou uma menina. Assim como todas as mães em nossos eventos, fico paralisada ao ouvir David falar sobre meninos. Fico maravilhada, não apenas com a forma como Deus criou os meninos, que é profundamente diferente da forma como criou as meninas, mas também como David fala diretamente ao coração dos meninos.

Também amo o fato de que, quando David foi questionado sobre a possibilidade de escrever um livro sobre ansiedade para meninos após o lançamento do meu livro, *Crie meninas livres de ansiedade*, ele disse não. Ou, pelo menos, não a um livro que tratasse apenas de ansiedade. As meninas têm duas vezes mais chances de sofrer de ansiedade do que os meninos. David conhece os meninos e sabe onde eles estão sofrendo. Ele os ensina todos os dias em nossa sala de aconselhamento. Ele conhece meninos que sofrem de ansiedade, mas talvez eles tenham ainda mais dificuldades com a autorregulação, com o excesso de energia e, às vezes, com a raiva, dificuldades em ouvir, além de uma tendência a exteriorizar suas emoções em vez de interiorizá-las. E os meninos que sofrem de ansiedade geralmente parecem lutar com algo totalmente diferente, e é por isso que precisamos de David. Ele queria explicar onde os meninos estão, onde principalmente têm dificuldades e o que podemos fazer para ajudar.

Que venha esse livro – para mim e para os milhares de pais que intervêm e aprendem com a sabedoria de David Thomas. Mal posso esperar para ajudar a criar meninos emocionalmente fortes. E sou grata por ter um amigo emocionalmente forte e sábio para mostrar o caminho, alguém que está nas trincheiras dia após dia por quase trinta anos. Portanto, pegue seu marcador de texto e uma xícara de café e prepare-se para aprender e rir sobre essas crianças maravilhosas e desconcertantes com um homem que acredito ser realmente o maior especialista em criar meninos emocionalmente fortes.

— Sissy Goff, Mestra em Terapia e Educação.

CAPÍTULO 1

ARMADILHAS E JOGADAS

Cresci nos anos 70 e, de 1977 a 1982, a série de televisão O incrível Hulk foi exibida no canal CBS. Eu ficava grudado na TV toda semana, aguardando as aventuras do dr. David Banner, um cientista brilhante cujo experimento de laboratório não deu certo. Daquele momento em diante, sempre que está sob estresse extremo, ele passa por uma grande mudança e se transforma no Incrível Hulk – um monstro alto, musculoso e verde. Depois de destruir o que quer que esteja ameaçando o dr. Banner, ele volta à forma humana normal, ficando com a memória fragmentada, as roupas esfarrapadas e as evidências da destruição. Essas transformações são bastante preocupantes para o dr. Banner e ele inicia uma longa jornada para tentar reverter sua condição.

Décadas depois, levei meus próprios filhos ao cinema para assistir às muitas versões reimaginadas dessa história clássica. Cada vez que assisto a uma interpretação, fico impressionado com o fato de ela refletir o trabalho que faço como terapeuta infantil. Acho que muitos meninos se identificam com o Incrível Hulk porque entendem a tensão de querer fazer o bem neste mundo enquanto lutam contra um monstro dentro de si. Eles conhecem o impacto do estresse e o que acontece quando isso se manifesta de forma negativa. Eles entendem que a emoção evolui para uma transformação com um resultado indesejado.

Já ouvi pais descreverem seus filhos como o Hulk. Eles relatam que mandam um menino para a escola e recebem um monstro na hora de dormir; esses meninos controlam os professores e treinadores e depois ficam descontrolados em casa com os pais. Recentemente, uma mãe contou que, ao dizer ao filho que ele tinha apenas mais cinco minutos de tela, ele gritou, jogou o controle remoto e chorou descontroladamente no chão. Ela disse, rindo: "Ele não ficou verde, mas eu fiquei esperando que isso acontecesse".

Quando ficamos com raiva, nosso sistema nervoso entra em estados mais elevados de estímulo. Experimentamos sensações no corpo, tais como o aumento da frequência cardíaca, as pupilas dilatadas, a liberação de adrenalina, o aumento da respiração, a transpiração da pele e o fluxo sanguíneo para os músculos. Parece um pouco como se transformar no Hulk, não é mesmo?

Os três Rs

Nosso trabalho é ajudar os meninos a aprenderem a reconhecer o estresse à medida que o nível aumenta dentro deles. Queremos treiná-los para observar e prestar atenção às somatizações que estão sentindo. Tão importante quanto reconhecer o que está acontecendo, os meninos precisam de instruções sobre como se controlar nesses momentos. Se tiverem dificuldades para realizar uma ou ambas as tarefas vitais, podem ter um "momento Hulk" e precisar fazer alguns reparos.

Apesar de o corpo soar alarmes e enviar sinais, os meninos geralmente ignoram-nos e seguem em frente até ficarem com as roupas esfarrapadas e cheios de arrependimento. Ao longo das décadas, conversei com milhares de meninos que descreveram como é estar do outro lado de um "momento Hulk". Os meninos contam histórias de gritos com a mãe, empurrões num irmão mais novo ou quebrar um vaso em casa. Já ouvi adolescentes descreverem como descarregam suas frustrações numa namorada, recebem uma falta técnica em um jogo ou esmurram uma parede de gesso.

As histórias geralmente envolvem culpar os outros por seus erros, lutar para assumir a responsabilidade e afundar em vergonha e arrependimento. Vem à mente a imagem do dr. Banner andando pelas ruas com os olhos cheios de lágrimas e se perguntando o que acabou de acontecer.

Quando acompanho essas histórias, os meninos geralmente conseguem rastrear os eventos e identificar o momento em que receberam um sinal ou a orientação de um pai que ignoraram. Eles podem até se lembrar de terem sido informados de que estavam prestes a piorar as coisas para si mesmos e, mesmo assim, o Hulk surgiu.

Ensinar os três Rs é algo em que acredito desde que exerço a profissão de terapeuta. É um trabalho que acredito que gera um bom crescimento. Não é fácil, e os meninos têm uma forte tendência a cair em reações emocionalmente preguiçosas. Afinal, não é tão difícil derreter-se como uma criança ou perder a cabeça como um adolescente. A regulação dá trabalho. É um esforço. Mas produz um bom crescimento.

Aprender a prestar atenção aos alertas e aos sinais requer reflexão, percepção e consciência. É muito mais fácil ignorar os sinais e manter o pé no acelerador. Entretanto, não é mais seguro fazer isso. Da mesma forma, consertar um relacionamento dá trabalho. Exige uma postura de humildade e civilidade e é muito mais fácil oscilar entre a culpa e a vergonha. A culpa nada mais é do que a dor descarregada. Vergonha é desprezo por si mesmo. Nenhum dos dois é um estado de ser satisfatório. O trabalho de relacionamento, porém, é profundamente satisfatório.

Reconhecer — observe como seu corpo sinaliza uma resposta emocional.

Regular — empregar estratégias calmantes quando o sistema nervoso entra em estados mais elevados de estímulo.

Reparar — assumir a responsabilidade e fazer qualquer trabalho relacional necessário.

Compreender e praticar os três Rs pode ser o treinamento mais importante que fazemos com os meninos que estão sob nossos cuidados. Esses são os pontos de referência para criar meninos emocionalmente fortes. Por mais simples que pareçam e necessários que sejam para sua saúde emocional e relacional, de alguma forma estamos errando o alvo.

Armadilhas

Preso. Uso essa palavra em meu escritório há décadas. Acho que ficar preso faz parte da condição humana. Todos somos vulneráveis a ficar presos na vida – fisicamente, emocionalmente, relacionalmente, espiritualmente. Às vezes, conseguimos nos desvencilhar e, às vezes, precisamos de ajuda para fazer isso.

Tenho uma garrafa de água gigante em meu escritório que serve como lembrete para que eu beba oito copos de água por dia. Posso ficar ocupado e esquecer de me hidratar. Em certos dias, encho-a várias vezes e me hidrato como um atleta em treinamento. Em outros dias, fico preso e me esqueço de beber e reabastecer, acabando com uma dor de cabeça por volta das três da tarde e me perguntando o que aconteceu.

Cresci correndo e nadando de forma competitiva. Levei essas paixões para minha vida adulta e competi em tudo, desde correr 5 km e até maratonas. Passei longas temporadas treinando como se estivesse indo para as Olimpíadas, e outras como se nunca tivesse tido um par de tênis de corrida. Fiquei preso nos exercícios, na boa alimentação, na oração, nas amizades, no casamento, na paternidade, na vocação e em quase todos os outros aspectos da vida. Em certas épocas, consegui dar o pontapé inicial e, em outras, precisei de ajuda – um treinador, um conselheiro, um amigo, um pastor ou minha esposa.

Ficar preso é uma condição humana. Homens e mulheres, meninos e meninas, qualquer um de nós pode ficar preso em qualquer momento e espaço – fisicamente, emocionalmente, relacionalmente, espiritualmente. A diferença que observei em meu trabalho é que as mulheres têm mais probabilidade de pedir ajuda quando ficam presas. Certamente há exceções a essa regra. Conheço mulheres que têm dificuldade para pedir ajuda e homens que são ótimos nisso. Geralmente, os homens têm mais dificuldades nessa área e acredito veementemente que isso esteja relacionado à nossa definição de masculinidade. Uma definição que muitos têm se esforçado para anular há algum tempo. Há anos estamos trabalhando para expandir a definição de masculinidade e inúmeras pessoas têm se insurgido contra as mensagens culturais que estamos transmitindo aos meninos sobre o que significa ser um homem neste mundo.

Espero que este livro possa acrescentar um tijolo à construção de algo novo. Não acredito que a definição tradicional de masculinidade inclua a ternura. Quanto mais estudo a pessoa de Jesus, o caráter de Cristo, mais me deparo com o fato de que sua força estava fundamentada na ternura, na compaixão, na misericórdia e no amor. Esses eram os pilares de sua humanidade.

Uma parte fundamental da criação de meninos emocionalmente fortes inclui ancorá-los em uma compreensão clara do caráter de Cristo e ver a força do sacrifício. Se esperamos criar meninos com força relacional, precisamos ver um homem que caminhava intimamente com alguns amigos próximos. Ao avaliarmos sua interação e conversas com os discípulos, seus companheiros mais próximos, vemos intimidade e vulnerabilidade. Vemos um homem que celebrava e valorizava as mulheres. Que foi constantemente desafiado e questionado durante todo o seu ministério e que, de alguma forma, nunca saiu dos trilhos.

Jesus, em sua humanidade, era cheio de emoções. Ele chorou com sua querida amiga Maria pela perda do irmão dela, Lázaro (João 11). Quando se deparou com os cobradores de impostos usando o templo para fins nunca imaginados, sentiu raiva (Mateus 21). No jardim, enquanto lutava com sua morte iminente e seus amigos mais próximos dormiam depois de ter pedido que ficassem acordados com ele, dizem que sentiu medo (Mateus 26).

Os meninos sentirão cada uma dessas emoções – tristeza, raiva, medo. Nosso trabalho é ajudá-los a identificar o que estão sentindo e o que fazer com essas emoções. Reconhecer, regular e, se necessário, reparar.

Jogada de mestre

Durante anos, conversei com meninos sobre o fascínio que tinham pelo *Dude Perfect*. Se você não conhece, trata-se de um grupo de ex-colegas de quarto da faculdade, que formou um grupo de esportes e comédia e que tem um dos canais de esportes com mais inscritos no YouTube. Esses rapazes criaram um gênero totalmente novo em esportes e jogadas. Adoro aproveitar esse fascínio para conversar com os rapazes sobre um tipo diferente de jogada de mestre. Se o estresse faz parte do jogo da vida, vamos desenvolver algumas jogadas para lidar com ele. Se o homem comum tem dificuldade para descarregar o estresse, como seria desenvolver algumas jogadas nesse espaço? É comum que os rapazes saiam da minha sala com uma lista de coisas que provocam o estresse e as maneiras de lidar com elas.

Falamos sobre as melhores jogadas de movimento e respiração. Aprender a respirar profundamente pode ser um divisor de águas para qualquer jovem que esteja lidando com a raiva, o estresse, o medo ou a ansiedade. Os meninos têm muita somatizações de suas emoções. Ter uma liberação física é fundamental para lidar com emoções fortes. Peço aos rapazes que criem uma lista com as cinco principais estratégias em um cartão de anotações ou em seus aplicativos, com a maioria das cinco estratégias envolvendo movimento, para honrar essa maneira única que Deus incutiu nos homens.

A lista pode incluir correr ou jogar basquete, fazer flexões de membros superiores e inferiores, usar um saco de boxe ou um tapete de ioga, pular em um trampolim ou andar de bicicleta, fazer estocadas ou polichinelos, gritar para um travesseiro, passear com o cachorro ou subir em uma árvore, e assim por diante. Certa vez, trabalhei com um garoto de 12 anos que liberava o estresse andando de monociclo na entrada de sua garagem e com um garoto de 16 anos que lavava e encerava seu carro. Estou aberto a qualquer coisa que envolva movimento e não envolva uma tela. Os meninos muitas vezes tentam me convencer de que os videogames ou se conectar mídias sociais os ajudam a aliviar o estresse. Sou rápido em lembrá-los de que as telas são uma fuga, não um mecanismo de enfrentamento.

Como discutiremos mais ao longo deste livro, os meninos são instintivamente hábeis em se entorpecer, e sempre queremos treiná-los para lidar com a situação de forma saudável. A tecnologia tornou-se uma das formas mais viciantes e acessíveis de entorpecimento para meninos de todas as idades. Não me oponho que os meninos tenham tempo de tela com bons limites, mas não para os fins que estamos discutindo. As únicas exceções que fiz foram para os meninos que são altamente qualificados na prática de hábitos saudáveis e que optam por adicionar alguns aplicativos de respiração e atenção plena. Isso pode ser um ótimo recurso e ferramenta, mas os aplicativos não serão o ponto de partida.

Uma direção diferente

Anos atrás, deparei-me com um vídeo viral de um menino na entrada da garagem com sua irmã mais nova.[1] Ele parecia ter cerca de cinco anos de idade. Ela talvez tivesse três anos. Ele estava ensinando-a a arremessar uma bola de basquete em um pequeno gol da Fisher-Price.

Ele se afastou para torcer por ela. Em sua primeira tentativa, ela não só errou a tacada, como a bola voltou e a atingiu no rosto. Ela começou a chorar e seu irmão correu até ela e a abraçou imediatamente. "Está tudo bem. Você é forte", disse ele, e depois colocou as mãos nos dois lados do rosto dela e perguntou: "Quer que eu a carregue?"

Ela concordou com esse plano.

Ele, então, correu para pegar a bola, entregou-a a sua irmã e disse: "Agora eu vou carregar você". Ele pegou a irmãzinha para facilitar o chute e ela tentou novamente. Dessa vez, ela teve sucesso enquanto seu pai e seu irmão torciam.

Assisti ao vídeo uma dúzia de vezes, sorrindo e chorando ao ver esse irmão mais velho solidário. Fiquei imaginando muitas coisas sobre ele.

Fiquei imaginando como são seus pais e como cultivaram esse tipo de empatia e compaixão.

Fiquei imaginando como a irmãzinha dele será moldada por ter um irmão que a incentiva ao longo da vida.

Eu me perguntava se, em algum momento, ele deixaria de ser solidário e se tornaria mais um adulto endurecido pelo mundo. Eu me perguntava por que essa resposta instintiva nos meninos parece desaparecer à medida que se desenvolvem.

Há uma década, fui coautor de um livro best-seller sobre meninos chamado *Wild Things: The Art of Nurturing Boys* [Fatores descontrolados: a arte de educar meninos, em tradução livre]. No primeiro terço do livro, defini cinco estágios de desenvolvimento. Esse menino do vídeo parecia estar no estágio do amante. Se eu pudesse congelar um menino em um estágio de seu desenvolvimento, eu o congelaria no estágio do amante. Eu descrevo os rapazes aqui como ternos e obedientes, relacionais e compassivos. Obviamente, ele não pode permanecer nesse estágio para sempre. Ele não pode ficar mais do que alguns anos antes de chegar a hora de passar para os estágios complicados da pré, do meio e do final da adolescência. Em seguida, ele atravessa o espaço vulnerável da idade do jovem adulto. Cada estágio o leva para mais longe da infância e para a masculinidade. E se a jornada pudesse ser diferente?

Os meninos e os homens lideram algumas das estatísticas mais assustadoras que existem. As pesquisas nos lembram de que os homens têm mais dificuldade em identificar como se sentem, resistem a agir quando estão com dificuldades, são mais relutantes em se abrir e se envolvem em mais comportamentos de risco. A menos que criemos uma direção diferente, as estatísticas só vão piorar. Durante a pandemia global de 2020, as taxas de ansiedade, depressão e suicídio aumentaram em um ritmo sem precedentes. Os problemas existentes pioraram significativamente. Isso serviu como um duro lembrete de que não estamos fazendo o suficiente para equipar as crianças que amamos para enfrentar as fases difíceis da vida.

Sinto-me profundamente encorajado pelos esforços de muitos para redefinir a força e a coragem das meninas que amamos. Tenho esperança de que possamos fazer o mesmo com os meninos. Como seria criar uma geração de meninos que vejam a vulnerabilidade como um ponto forte? Como seria criar uma geração de rapazes que que priorizam a saúde mental assim como a sabedoria?

Os homens emocionalmente fortes são:

- Criativos – a capacidade de nomear e lidar com as emoções
- Conscientes – um mundo interior rico, incluindo pontos fortes e fracos
- Resilientes – a capacidade de lidar com a situação e se sentir competente
- Empáticos – a capacidade de entender e compartilhar os sentimentos de outra pessoa

Como poderíamos apagar as imagens que os meninos veem e oferecer uma nova definição de masculinidade? Como poderíamos ancorá-los com mais força no caráter de Cristo e nas qualidades de ternura, compaixão, misericórdia e amor? Acredito que isso é possível. É muito parecido com o que discutimos anteriormente – será um trabalho árduo, mas o resultado será um bom crescimento. Acredito que não só é possível, mas é o que os meninos merecem dos adultos que os amam.

Vamos juntos fazer essa jornada.

Práticas intencionais

1. O Hulk. Encontre uma versão de desenho animado ou filme ao vivo do Hulk que você possa assistir (na íntegra ou um corte) com um menino que você ama e que ilustre tanto a transformação quanto o arrependimento. Fale sobre a tensão entre o desejo de fazer o bem e a capacidade de destruição de uma forma adequada à idade para preparar o terreno para uma maior compreensão.

2. Defina os três Rs. Discuta e defina cada um deles. Fale sobre a meta de se tornar hábil em precisar apenas dos dois primeiros na maior parte do tempo e de usar o terceiro R quando cometermos erros.

3. Um exemplo. Convide os meninos a identificar pessoas do sexo masculino em suas vidas (avós, professores, treinadores, pastores e amigos) que pareçam ter fortes habilidades nos três Rs.

4. Escrituras. Leia João 11:17-35, Mateus 21:12-13 e Mateus 26:36-46 como lembretes de como Jesus teve sentimentos diferentes durante todo o tempo em que esteve na terra. Leia Lucas 19:41-48, um relato consecutivo de Jesus chorando por causa de seu amor por Jerusalém ao se aproximar da cidade e, logo em seguida, um relato da purificação do templo. Converse sobre quando emoções diferentes acontecem próximas umas das outras.

5. Emocionalmente forte. Defina o que significa ser emocionalmente forte. Identifique personagens de livros, filmes e momentos da história nos quais você tenha visto evidências desse tipo de força.

CAPÍTULO 2

ALICERCE E DEFINIÇÃO

Meu avô voltou para casa após a Segunda Guerra Mundial e foi construtor pelo resto de sua vida profissional. Ele teve seis filhos. Seu primogênito era um filho. Esse menino tinha um coração fraco e viveu apenas algumas horas. Meus avós tiveram cinco filhas. Cada uma de suas filhas teve apenas uma filha, exceto minha mãe. Eu era o único neto. Meu avô esperava que um dia eu me tornasse um construtor e que ele pudesse passar para mim o que havia construído.

Quando eu estava no ensino médio, fui trabalhar para meu avô. Passei um verão construindo uma casa com ele e sua equipe. Colocamos os alicerces, fizemos a estrutura da casa e construímos as paredes, e eu vi a casa se transformar de um pedaço de terra em um lar onde a mesma família vive até hoje.

Lembro-me de ver o alicerce sendo construído. Meu avô sorriu durante todo o processo. Deve ter sido como o cheiro de lápis recém-apontados no primeiro dia de aula do ensino fundamental para um professor, ou a primeira faixa de um músico gravando seu novo projeto. A visão, o cheiro e o som de um novo começo.

Lembro-me de ele dizer que o alicerce parece ser algo insignificante, mas é provavelmente a etapa mais importante da construção. Se uma bela casa for construída sobre um alicerce fraco, ela não será bela por muito tempo.

Moro em uma casa que foi construída na década de 1930 em uma parte histórica de nossa cidade. Nossa casa está se aproximando rapidamente do seu centésimo aniversário. A casa certamente está mostrando sinais de sua idade, mas no dia em que a compramos, nosso corretor de imóveis disse: "A estrutura é boa."

Da mesma forma, os relacionamentos construídos em uma base sólida podem resistir às tempestades da vida. Os casais que investem em seu relacionamento com leitura, aconselhamento pré-matrimonial, encontros noturnos, escuta ativa, trabalho conjugal e outros recursos podem estabelecer uma base sólida sobre a qual se apoiam na criação dos filhos.

Isso vale para nós como indivíduos e valerá para nossos filhos. Quando estabelecemos uma base sólida – emocional, relacional e espiritualmente – temos a capacidade de enfrentar as tempestades da vida de forma diferente.

Jesus disse:

> Portanto, quem ouve estas minhas palavras e as pratica é como o homem prudente que construiu a sua casa sobre a rocha. Caiu a chuva, transbordaram os rios, sopraram os ventos e deram contra aquela casa, mas ela não caiu, porque estava alicerçada na rocha. No entanto, quem ouve estas minhas palavras e não as pratica é como o insensato que construiu a sua casa sobre a areia. Caiu a chuva, transbordaram os rios, sopraram os ventos e deram contra aquela casa. Ela caiu, e foi grande a sua queda.
>
> — Mateus 7:24-27

Nos próximos capítulos, falaremos mais sobre o que significa colocar essas palavras em prática; mas, por enquanto, vamos dar uma olhada nos ingredientes de uma base emocional para os meninos.

Os marcos

Em meu livro *Are My Kids on Track? The 12 Emotional, Social, and Spiritual Milestones Your Child Needs to Reach* [Será que meus filhos estão no caminho certo? As 12 etapas emocionais, sociais e espirituais que seu filho precisa atingir, em tradução livre], defino quatro marcos emocionais para meninos e discuto os obstáculos e as pedras fundamentais para chegar lá.

O primeiro é o marco do vocabulário. Esse marco tem tudo a ver com o desenvolvimento da alfabetização emocional, ou seja, a capacidade de identificar, compreender e reagir às emoções em si mesmo e nos outros de forma saudável. Eu adoraria que todas as casas e salas de aula do mundo tivessem uma tabela de sentimentos pendurada em algum lugar. Esse conceito não é diferente de ter as letras do alfabeto penduradas nas salas de aula em todo o mundo. Entendemos que as letras formam palavras e as palavras formam frases, e esses são os blocos de construção fundamentais da leitura. Quando as crianças podem ver as letras, isso fortalece a conexão cognitiva. O mesmo acontece se elas puderem ver as expressões, fazer conexões com as emoções e aprender a identificar esses sentimentos dentro de si mesmas.

O desenvolvimento em direção a esse marco é mais importante do que nunca. Nos dias de hoje, as crianças e os adolescentes estão usando palavras cada vez maiores para articular suas experiências – palavras que não são necessariamente precisas para suas experiências. Raramente ouço os adolescentes dizerem: "Estou triste" eles dizem: "Estou deprimido." Eles não dizem: "Estou preocupado" eles dizem: "Estou ansioso". Alguns dizem; muitos não. No passado, se as crianças se sentissem realmente irritadas com os pais e quisessem chamar a atenção deles, poderiam dizer: "Vou fugir de casa!" Raramente ouço um pai relatar que uma criança disse isso. As crianças agora dizem: "Vou me matar" ou "Eu devia morrer".

Muitas vezes, essas declarações são cartas curinga, abrangendo todos os tipos de sentimentos. Os meninos costumam fazer declarações sem sentido, principalmente aqueles que têm um vocabulário emocional pouco desenvolvido. Eles estão tentando chamar a atenção dos adultos ao seu redor para uma tempestade emocional dentro deles, e dizem a maior e mais assustadora palavra que sabem dizer.

É importante fazer uma pausa aqui e afirmar claramente que nem todo garoto que faz esse tipo de declaração está lançando uma carta curinga. Alguns meninos estão tendo uma verdadeira ideação suicida e precisam de uma intervenção imediata de profissionais. Quer ele seja suicida ou não, é um pedido de ajuda. Ele está precisando de apoio para se manter seguro ou de ajuda para desenvolver uma maneira mais precisa de articular sua experiência. De qualquer forma, ele precisa de ajuda. Nosso trabalho é identificar o tipo certo de apoio.

Ou seja, nunca foi tão importante ajudar os meninos e adolescentes a desenvolverem um vocabulário emocional e nomear com precisão o que sentem.

O segundo marco emocional é a perspectiva. Esse marco é aprender a categorizar com precisão os eventos da vida. Aprender que o nível 1 na vida é perder as chaves do carro e um 10 é perder um membro da família. Não quero chegar a dez por ter perdido uma discussão, embora muitos meninos possam e façam isso.

O marco da perspectiva é como a escala de dor que os médicos usam. O médico precisa que eu descreva minha dor com precisão para poder tratá-la adequadamente. Todos os dias, converso com pais que descrevem meninos que não desenvolveram a perspectiva. Eles saem dos trilhos por causa de eventos insignificantes.

As crianças, mais do que nunca, estão reagindo como se qualquer evento da vida fosse nível 10. Elas não conseguem dimensionar sua experiência.

"Tive o pior dia da minha vida".

"Todo mundo me odeia".

"Eu devia morrer".

Quero incentivá-lo a criar uma escala de perspectiva com seu filho em um momento não problemático. Não faça isso em um momento próximo a um colapso. Sente-se em um momento calmo, relaxado e descansado e desenhe uma linha em um pedaço de papel, como se fosse uma linha do tempo. Marque e numere de um a dez. Peça que ele identifique exemplos de seus eventos de um a dez. Não há problema em fazer um brainstorming com ele se houver algum obstáculo. Lembre-se de que a escala dele pode ser muito diferente da sua. Seu trabalho é ajudá-lo a desenvolver a escala dele, não adotar a sua.

Em seguida, use-a como ponto de referência nos momentos mais difíceis da vida para ajudá-lo a categorizar com precisão sua experiência. Depois de dar-lhe tempo para regular e se acalmar (falaremos mais sobre como fazer isso ao longo do livro), pergunte: "Que número você acha que foi esse evento?" Ou: "Que número você daria hoje"?

É vital que estejamos levando os meninos ao marco da perspectiva durante todo o seu desenvolvimento para todos os eventos que enfrentarão na adolescência, na idade adulta e como adultos.

O terceiro marco emocional é a empatia. A empatia é um ingrediente fundamental e bem pesquisado em todos os relacionamentos interpessoais saudáveis – de cônjuge para cônjuge, de pai para filho, de amigo para amigo, de colega de trabalho para colega de trabalho. É a capacidade de entender e compartilhar os sentimentos de outra pessoa.

A empatia é um divisor de águas nos relacionamentos, e a falta de dela pode destruir um relacionamento. A empatia inclui ouvir ativamente e usar frases como "O que eu ouvi você dizer é", "Será que você está precisando" ou "Isso parece muito difícil".

A empatia é a capacidade de lidar com as emoções. É a capacidade de se colocar no lugar de outra pessoa e oferecer compreensão de sua experiência emocional. No entanto, se eu não conseguir ler, nomear e dimensionar minhas próprias emoções, certamente terei dificuldades para acompanhar os outros em suas emoções.

O quarto marco emocional é a desenvoltura. É a capacidade de transformar a emoção em algo construtivo. É a sabedoria expressa em Efésios 4:26: "Quando ficarem irados, não pequem".

Você vai sentir raiva. Só não machuque a si mesmo ou aos outros quando isso acontecer.

A desenvoltura é um dos aspectos em que vejo os meninos serem impedidos mais rapidamente. É preciso trabalho para ajustar. Dá trabalho direcionar uma emoção. A maioria dos meninos recorre a reações lentas, evitando o trabalho da desenvoltura. Eles fazem birra, gritam, batem ou jogam coisas. O trabalho parece difícil ou, às vezes, simplesmente estranho.

Pense quantas vezes os meninos respondem às perguntas com "eu não sei."

Como você se sente? "Não sei" ou "Bem".

Fine é um acrônimo de *Feelings In Need of Expression* [sentimentos que precisam ser expressos]. Procurar descobrir o que estou sentindo dá trabalho. Dizer "não sei" é fácil e é uma reação lenta. Queremos treinar os meninos no trabalho árduo de construir músculos emocionais. Acredito que esses quatro marcos são como músculos. Para muitos meninos, os músculos são simplesmente fracos ou subdesenvolvidos. Mas sabemos que músculos fracos podem ficar mais fortes com treino. Desenvolver os músculos emocionais é um dos treinos mais importantes, porém mais negligenciados, na jornada de um menino rumo à masculinidade. Os músculos afetam sua experiência cotidiana como filho, irmão, aluno, atleta e amigo. Esses músculos definirão quem ele será como marido, pai, amigo e colega de trabalho.

Um ambiente espaçoso

Os meninos têm muita *somatizações* de suas emoções. É por isso que os meninos em idade pré-escolar são mais propensos a morder, bater, chutar e gritar. Os adolescentes são mais propensos a gritar e dar socos nas paredes ou chutar portas. Temos de ensiná-los a usar essa energia, intensidade e somatizações em uma direção construtiva. Quando dou aulas, costumo mostrar um vídeo do YouTube de um bebê filmado por sua mãe em casa. O vídeo começa com o menino rolando no chão, tendo um colapso épico. A mãe mantém a câmera ligada, mas vai discretamente para outro cômodo. O choro e a gritaria diminuem e, de repente, há silêncio. Nesse momento, o menino vai para o cômodo onde está sua mãe e, assim que a vê, desaba no chão e começa a se debater novamente. A mãe vai silenciosamente para outro cômodo com a câmera ainda gravando e, de repente, o colapso cessa novamente. O menino vai para o cômodo ao lado e desaba novamente. O ciclo se repete várias vezes e, a essa altura da minha aula, a sala cheia de pais que assistiam ao vídeo estava rindo às gargalhadas. Principalmente porque todos nós entendemos a realidade desse ciclo. É um padrão que chamamos de *ancoragem*. É a maneira de um menino dizer: "Se eu me sentir desconfortável por dentro, gostaria de amarrar uma âncora em sua cintura e arrastá-lo comigo até o fundo do mar". Faz parte do velho ditado "A miséria adora companhia".

A menos que lhe ensinemos algo diferente e o treinemos de forma consistente, ele sempre recorrerá à ancoragem. Quando chegar à adolescência, ele já estará bem familiarizado com a ancoragem. A maioria dos meninos se ancora em suas mães. Muitos meninos que têm um histórico de ancoragem em suas mães podem transferir isso para suas namoradas na adolescência.

É mais do que apropriado que a mãe de um menino, ou as outras mulheres de sua vida, seja uma caixa de ressonância, mas não um saco de pancadas verbal. Falaremos mais sobre isso no capítulo cinco, "Mães e pais".

Acredito ser uma boa ideia ter um ambiente espaçoso – um espaço físico real – aonde um menino possa ir para liberar essa intensidade. Meninos de até 12 anos pensam de forma concreta. O mundo é muito extremista. Eles não começam a desenvolver o pensamento abstrato até perto da adolescência. Os meninos geralmente desenvolvem mais lentamente do que as meninas. Eles se beneficiam de experiências concretas. Isso envolveria ir a um ambiente (um canto de uma sala de jogos, sala de recreação, o hall de entrada, garagem etc.) e preencher esse ambiente com experiências táteis, como um suporte para chutes, um saco de pancadas, travesseiros grandes (para bater ou gritar), bolas antiestresse, uma barra fixa, um minitrampolim, um tapete de ioga ou uma bola de exercícios (para arremessar ou empurrar). Estamos simplesmente fazendo um brainstorming de opções que criam uma liberação, honrando a necessidade dele de gastar a somatização. Alguns meninos são menos físicos e mais artísticos. Ele pode preferir um balde de giz de cera e papel, outros materiais de arte ou um diário. Ele pode gostar de balões para estourar, plástico bolha para perfurar e estourar ou massa para modelar.

Quando meus filhos tinham três anos, encontrei um objeto inflável com areia no fundo. Comprei online e coloquei-o, com alguns travesseiros grandes e um saco de feijão, no canto da nossa sala de jogos. Íamos juntos até esse canto e tentávamos usar os objetos para liberar um pouco de energia. Sempre havia um gráfico de sentimentos pendurado em algum lugar. Falávamos que esse era um bom lugar para ir quando tínhamos grandes sentimentos dentro de nós que precisavam ser liberados. O objetivo era ajudá-los a passar do caos à calma.

Quando meus filhos estavam emocionalmente sobrecarregados e propensos a bater ou simplesmente ter um ataque e rolar no chão igual ao menino do vídeo, eu pegava suas mãos e ia para o ambiente espaçoso com eles. Fazer esse trabalho com eles e ao lado deles é corregulação. Geralmente, os meninos vão para ambiente espaçoso por conta própria e podem fazer o trabalho ou a regulação de forma independente. A jornada da corregulação para a regulação é semelhante à abordagem que adotei ao ensinar meus filhos a andar de bicicleta. No início, eu estava sempre com eles, oferecendo apoio e ajuda para as partes não familiares do aprendizado de uma nova e grande habilidade. Eu segurava o guidão enquanto eles pedalavam, depois segurava suas costas para ajudá-los a se firmarem enquanto pedalavam e dirigiam a bicicleta. Por fim, eu corria ao lado deles, torcendo por eles, e depois ficava à distância para oferecer apoio, se necessário.

Quando não andamos de bicicleta há algum tempo, podemos ficar enferrujados e precisar de apoio até voltarmos ao ritmo de pedalar e dirigir.

Além disso, algumas crianças se acostumam quase imediatamente e outras têm muita dificuldade. Conheço crianças que jogam suas bicicletas em uma vala quando caem, gritando: "Nunca mais vou subir nessa coisa idiota." Algumas crianças têm dificuldade em manter o equilíbrio da bicicleta. Outras não conseguem começar a pedalar ou parar de frear. Temos de trabalhar por mais tempo com algumas crianças e por menos tempo com outras. O mesmo acontece com os meninos e o espaço. Lembre-se de que a prática leva ao progresso.

A maioria de nós cresceu ouvindo que a prática leva à perfeição. Vamos jogar essa afirmação fora. Não acho que seja verdade. Há muitas coisas na vida em que pratiquei arduamente e não só não fiquei perfeito como também não fiquei muito bom em algumas delas. Mas em tudo o que pratiquei, fiquei um pouco melhor com o tempo. Estamos buscando o progresso, não a perfeição.

Lembramos também que esse é um trabalho árduo para muitos meninos. A tendência deles será recorrer à resposta familiar e instintiva de ancoragem. Nossa tendência pode ser a de resgatá-lo nesses momentos. Fazer o trabalho emocional por ele é o equivalente a fazer sua lição de casa. Ele nunca terá o benefício do aprendizado a menos que ele mesmo faça o trabalho. Essa é a única maneira de ele fazer as conexões necessárias.

Pense por um momento nessa analogia. Muitos meninos sentem desconforto ao fazer a lição de casa. Eles ficam emocionalmente sobrecarregados quando chega a hora de se sentar, abrir a mochila e fazer a tarefa. Alguns meninos resistem, outros choramingam ou jogam os livros quando o trabalho fica difícil, outros tem um ataque de fúria de várias maneiras. Se fizéssemos a tarefa para ele, isso certamente faria com que a birra parasse, mas ele só teria aprendido a se dar um chilique em vez de se esforçar.

Ir ao ambiente espaçoso é como sentar-se com ele por um momento enquanto ele se regula e desenvolve um plano para seguir em frente. Os meninos são seres orientados para a ação. Eles simplesmente precisam de ajuda para ativar suas habilidades inatas de resolução de problemas. Evite a armadilha de se tornar uma espécie de recurso para ele, a fim de que ele possa ter a desenvoltura.

O jogo ao longo da vida

Mencionei como nossa família abordava o ambiente espaçoso quando nossos filhos eram pequenos. Vamos falar um pouco sobre como ele pode se desenvolver à medida que os meninos crescem. O ambiente espaçoso deve evoluir e mudar à medida que eles o fazem. Incentive os meninos a continuarem reimaginando-o e prestando atenção ao que os está ajudando.

Passamos do inflável para um suporte de chute de verdade que comprei em uma loja de artigos esportivos usados. Ele se parecia com aqueles encontrados em estúdios de artes marciais. Eles podiam dar socos e chutes sempre que necessário. Adicionamos uma bola medicinal, um minitrampolim e um balde de bolas antiestresse que fizemos com farinha e balões.

Em seguida, mudamos o ambiente para o porão de nossa casa e compramos uma barra fixa, um saco de pancadas de tamanho normal e alguns pesos leves. Parecia mais uma academia quando meus filhos entraram no ensino fundamental e médio.

Como treinamos nessa direção, era comum eu chegar em casa e ouvir sons de socos e grunhidos. Às vezes, os socos paravam e eu ouvia choro. Quando eu dava um tempo e depois conversava com eles, ouvia histórias de não terem sido escolhidos para um time, de terem se sentido traídos por um amigo, de terem perdido uma prova ou de estarem frustrados com a tarefa. Todas as coisas normais que as crianças enfrentam neste mundo quando passam do ensino fundamental para o ensino médio.

Ao longo do caminho, meus filhos praticaram inúmeros esportes que ofereciam um alívio. Os treinos se tornaram um lugar para liberar o estresse, além de aprender novas habilidades e fazer amigos. Meus filhos se apaixonaram pela corrida. Durante todo o ensino médio, eles fizeram cross-country e atletismo. A corrida se tornou o ambiente espaçoso para ambos. Eles aprenderam a ouvir seus corpos e a prestar atenção aos sinais que recebiam quando diferentes emoções eram registradas.

Há uma grande chance de que a corrida seja essa válvula de escape durante a maior parte de suas vidas. Meu trabalho era simplesmente criar um ambiente espaçoso para extravasar, levá-los até lá, estar junto enquanto aprendiam seu valor e vê-los modificá-lo de acordo com suas necessidades à medida que cresciam.

O ambiente espaçoso não é mágico. Os objetos nele contidos não são mágicos. A magia está na experiência de ir ao ambiente espaçoso. A mágica está em se afastar da ancoragem e se aproximar da desenvoltura. Isso requer prática. Anos e anos de prática.

Enquanto ele está indo até o ambiente espaçoso, nós estamos praticando não permitir que ele se ancore em nós. Temos de permitir que os meninos que amamos se esforcem. Essas dificuldades são um terreno fértil para cultivar a superação e o desembaraço. Eles não conseguirão desenvolver músculos emocionais fortes se não os usarem.

Certamente queremos oferecer empatia e apoio. Não queremos fazer o trabalho por eles.

Vá você para o ambiente espaçoso quando seu garoto não quiser. Muitos meninos são teimosos e se esforçarão muito para atraí-lo de volta à ancoragem. Encare essa jornada como um cabo de guerra. O jogo de cabo de guerra termina oficialmente quando um jogador deixa cair a corda. Mesmo que ele esteja segurando a corda com as mãos firmes, você pode aprender a largá-la. Às vezes, isso não pode ser um apoio. Certamente só faremos isso depois de muitas horas de treinamento. Voltemos ao exemplo de andar de bicicleta. Nenhum pai ou mãe simplesmente entregaria uma bicicleta sem instrução ou ajuda e diria: "Depois me diga como foi." Sabemos que, no início, teremos de segurar o guidão e o encosto do banco. Sabemos que vamos correr ao lado deles e torcer por eles. Isso é corregulação. Estamos ajudando-os a regular até que possam fazer esse trabalho sozinhos.

Resumindo, você está me ouvindo dizer claramente que há trabalho envolvido, tanto para ele quanto para você. Só podemos levar os meninos que amamos até onde nós mesmos chegamos. Se a regulação for difícil para você, será quase impossível para ele. As crianças aprendem mais com a observação do que com a informação. Ele precisa ver isso sendo praticado pelos adultos em quem confia.

Ele precisa ouvir você usar um vocabulário emocional amplo. Ele precisa ouvi-lo articular sua experiência e perceber que os adultos têm emoções. Ouvir você identificar o que o ajuda a superar os momentos em que ele está emocionalmente sobrecarregado, como seu corpo o sinaliza e o que você faz para voltar a um estado de calma. Mas ele não precisa apenas ouvir, ele precisa ver.

Ele precisa ver e ouvir isso para desenvolver uma definição completa, expansiva, saudável e precisa de masculinidade.

Uma nova definição

Historicamente, foi ensinado aos meninos que demonstrar as emoções é um sinal de fraqueza. A masculinidade tradicional está associada à supressão das emoções e à autoconfiança. Como seria criar uma geração de meninos que visse a vulnerabilidade como um ponto forte?

Os homens lideram as estatísticas de abuso de substâncias, suicídio, infidelidade e pornografia na Internet. Os homens geralmente são hábeis em evitar a dor e anular o desconforto. Eles têm muita dificuldade para pedir ajuda e cuidar de sua saúde e bem-estar. E se educássemos uma geração de meninos que priorizasse a saúde mental como sabedoria?

Por volta dos nove ou dez anos de idade, os meninos começam a canalizar todas as emoções primárias – medo, tristeza, decepção – para a raiva. Culturalmente, promovemos isso enviando mensagens de que não há problema em ficar com raiva, mas que é um sinal de fraqueza ficar triste ou com medo. Os meninos são inundados com imagens de atletas profissionais perdendo a paciência com os adversários e treinadores gritando com os árbitros. Eles ouvem artistas furiosos nas mídias sociais e políticos gritando uns com os outros em debates. Em suas próprias casas, muitas vezes eles se sentam na primeira fila para ver os pais tendo dificuldade para controlar suas próprias emoções. Parece que em todos os lugares eles veem uma falta de regulação e restrição. Eles testemunham homens lutando para nomear suas experiências e lidar com a vida em seus termos. Como poderíamos nos opor a esses exemplos e oferecer uma nova definição?

Como imagem e semelhança de Deus, estabelecer um alicerce saudável é definir com precisão a masculinidade, olhando como Jesus. Sua força foi definida pelo sacrifício, humildade, compaixão e amor. Ele tinha um relacionamento íntimo com um pequeno grupo de homens. Ele era um defensor das mulheres. As Escrituras relatam que Jesus chorou em um encontro com a perda, sentiu raiva da injustiça e medo em suas últimas horas. As Escrituras estão repletas de exemplos de Jesus sentindo coisas diferentes em sua humanidade. Apesar de ter sido tentado, desafiado, traído, zombado, abandonado, abusado e depois crucificado – a pior das condições humanas imagináveis –, ele teve cada uma dessas emoções e experiências com honestidade, humildade, civilidade e força. Sua vida serve como o melhor roteiro de como ser um homem neste mundo.

Apesar de termos tanta clareza sobre como Jesus viveu, conseguimos nos afastar muito de seu exemplo. Mas podemos levar os meninos de volta a essa direção. Acredito que isso seja fundamental para criar meninos emocionalmente fortes, já que eles são bombardeados com imagens opostas. Isso será contracultural, mas o caminho de Jesus sempre envolveu viver neste mundo e não ser parte dele.

Imagine, por um momento, que começássemos a priorizar a saúde emocional dos meninos da mesma forma que priorizamos os esportes juvenis ou os estudos neste país. Que começássemos a dedicar nosso tempo e nossa atenção nessa direção, acreditando que isso é o mais importante e o que traz mais benefícios.

> Pois nós somos cooperadores de Deus; vocês são lavoura de Deus e edifício de Deus. Conforme a graça de Deus que me foi concedida, eu, como sábio construtor, lancei o alicerce, e outro está construindo sobre ele. Contudo, veja cada um como constrói. Porque ninguém pode pôr outro alicerce além do que já está posto, que é Jesus Cristo.
>
> — 1 Coríntios 3:9-11

O verão que passei trabalhando com meu avô trouxe grande clareza para nós dois. Por mais que ele esperasse passar a profissão para mim um dia, ao me ver com um martelo, ficou evidente que minha vocação nunca seria construir casas. Embora adorasse trabalhar com meu avô, senti-me chamado para um trabalho diferente. Tornei-me um construtor de homens. Aprendi a edificar pessoas.

Aprendi isso com meu pai e com inúmeros homens que também foram meus pais. Aprendi a edificar pessoas com minha mãe e com as muitas mulheres incríveis que tive o privilégio de conhecer, compartilhar a vida e trabalhar ao meu lado.

Ainda estou aprendendo a fazer esse trabalho, e espero continuar aprendendo enquanto eu respirar. Isso eu sei que é verdade. Há uma maneira melhor, diferente, mais saudável e holística de criar os meninos sob nossos cuidados.

O fato de você estar lendo este livro é uma evidência de que deseja algo diferente. Vamos continuar estabelecendo um novo alicerce.

Práticas intencionais

1. Tabela de sentimentos. Faça o download ou compre uma tabela de sentimentos para começar a ajudá-lo a desenvolver um vocabulário emocional. Use sempre como ponto de referência.

2. Escala de perspectiva. Crie uma escala de perspectiva com seu filho em um momento não problemático que possa ser consultada mais tarde, nos momentos de forte emoções para ajudá-lo a categorizar com precisão os eventos da vida.

3. O ambiente espaçoso. Converse com ele sobre as somatizações de suas emoções e a importância de liberar essa energia. Identifique um local em sua casa que possa servir de válvula de escape para qualquer pessoa da família e faça um brainstorming de experiências táteis para treinarem no ambiente.

4. Um ambiente espaçoso de viagem. Compre um compartimento para o seu veículo que permita que o conceito do ambiente esteja em qualquer lugar (restaurantes, casa dos avós, viagens da escola para casa etc.) e encha-o com bolas antiestresse, brinquedos antiestresse, pesos de mão, diários ou outros objetos ou atividades que permitam relaxar fora de casa.

5. Defina a masculinidade. Sente-se com ele – ao longo de seu desenvolvimento – para definir e redefinir o que significa ser um homem. Use as mídias para avaliar como o mundo define a masculinidade e a Bíblia para desenvolver uma definição precisa.

CAPÍTULO 3

PASSADO E FUTURO

Jake é um cliente de dezesseis anos cuja namorada foi colocada de castigo pelos pais. Eles permitiram que a filha enviasse uma mensagem de texto ao meu cliente como cortesia, antes de tomarem o telefone dela, para avisá-lo que ele precisaria cancelar os planos para o fim de semana devido ao castigo.

Ela pediu desculpas a Jake por ter feito uma escolha que acabou afetando-o também. Ela sabia que ele estava fazendo planos para o fim de semana e ficaria chateado com essa notícia. Ele respondeu com uma mensagem de texto declarando que os pais dela estavam cometendo um erro e que ele estava furioso com a decisão deles.

Ela lhe disse que conversariam mais na escola e que encontrariam outro horário para ficarem juntos quando o castigo acabasse. Jake esperou cerca de trinta segundos e então enviou uma mensagem de texto para o pai da namorada. Ele informou ao pai que tinha feito planos para o fim de semana e pediu que ele reconsiderasse.

O pai respondeu a Jake, reconhecendo seu desapontamento, imaginando a frustração dele e esperando que eles pudessem remarcar o horário assim que o castigo fosse suspenso.

Jake enviou outra mensagem de texto ao pai, declarando que ele havia cometido um erro enorme e que se arrependeria da decisão.

A essa altura da nossa conversa, perguntei a Jake quanto tempo se passou entre a resposta do pai e sua mensagem sobre o grande erro. "Talvez um minuto", respondeu ele com relutância. Analisamos o que ele poderia ter feito para organizar seus pensamentos e considerar sua resposta. Começamos a discutir como ele poderia salvar a troca de mensagens de texto quando Jake confessou que tudo não havia terminado ali.

"Você mandou mensagem de novo?" perguntei.

Quando Jake confirmou que sim, pedi que ele pegasse o celular e lesse a troca de mensagens em voz alta com o objetivo de aprender. Ele hesitou em fazer isso, mas viu que eu estava falando sério. Eis o rumo que a conversa tomou em seguida.

O pai: *Jake, entendo que você esteja frustrado. Dá pra ver que você estava tentando prover uma experiência maravilhosa para minha filha no sábado. Sei que haverá outro momento em breve em que vocês poderão passar um tempo juntos. Deixe-me sugerir, por enquanto, que paremos de enviar mensagens de texto enquanto você estiver claramente sentindo raiva. Entendo que é fácil falar muito quando se está cheio de emoções. Você é um ótimo namorado, e sei que isso deve ser decepcionante.*

Jake: *Sou um ótimo namorado! E tenho muito a dizer! Não quero parar de mandar mensagens porque quero que você entenda o grande erro que está cometendo!*

O pai: *Tenho certeza de que você tem muito a dizer. Estou convencido de que agora não é o momento certo para dizer essas coisas. Vamos parar agora. Espero vê-lo em breve.*

Jake: *Quero ir até sua casa e vamos conversar sobre isso. Preciso vê-la e preciso que você entenda como isso é errado.*

O pai: *Jake, agora não é um bom momento para uma visita, e nossa troca de mensagens está se tornando uma situação desagradável agora. Estou indo embora e conversaremos mais tarde.*

Jake: *Por que está fazendo isso? Não é de se admirar que sua filha goste mais de se abrir comigo do que com você.*

Quando Jake leu sua última resposta de texto, lembro-me de ter pensado: “Estou muito feliz por esse pai ter um adolescente que ele colocou de castigo e sabe que, às vezes, os adolescentes saem dos trilhos”.

Culpa e vergonha

Comecei perguntando a Jake como ele se sentia ao reler suas palavras. No início, ele tentou culpar o pai pelo “motivo de tudo isso ter acontecido.”.

Eu o convidei a pensar menos sobre o que veio primeiro e mais sobre a resposta dele. Ele aceitou o desafio e começou a fazer algumas conexões necessárias. Infelizmente, isso foi impedido por um certo desprezo por ele mesmo. “Sou um grande idiota. Sou um completo fracassado.”

Essa mudança da culpa para a vergonha é algo que os meninos fazem com frequência. Eles lutam para chegar ao ponto intermediário saudável de assumir a responsabilidade e reconstruir tudo o que precisa ser consertado. Ontem mesmo encontrei-me com uma família que estava se divorciando. O pai teve dois casos. O segundo foi descoberto quando o filho mais velho encontrou uma foto do pai beijando outra mulher. Quando a verdade veio à tona, ele disse ao filho: “Sinto muito por você ter encontrado isso”, mas nunca disse: “Sinto muito por ter feito isso.” Ele, como muitos meninos, estava mais preocupado em ser pego do que com o que havia feito de errado. A menos que os meninos aprendam a se posicionar no meio-termo saudável da responsabilidade, eles podem ficar presos oscilando entre a culpa e a vergonha por toda a vida. Se ele não conseguir assumir a responsabilidade, certamente não conseguirá se recuperar.

Para ajudar Jake a seguir nessa direção, passamos um tempo imaginando o que o pai estava sentindo ao pedir que Jake adiasse a conversa até que ele estivesse em um melhor estado de espírito e o fato de Jake ter simplesmente ignorado aquele pedido. Analisamos as acusações, declarações e suposições de Jake. Pedi que ele pensasse no que poderia ter feito além de mandar uma mensagem de texto quando sentiu os alarmes dispararem dentro dele.

Tempo e espaço

Jake estava disposto a fazer essa jornada comigo. É importante observar que ele teve algum tempo entre o incidente e nossa conversa. O tempo e o espaço podem mudar o jogo para todos nós. Muitas vezes tentamos apressar as conexões ou forçar a conversa antes que os meninos estejam prontos. Sempre que um pai ou um filho estiver em um espaço emocionalmente sobrecarregado, é um momento ruim para conversar muito.

Além disso, não é um bom momento para disciplina. A disciplina tem tudo a ver com aprendizado. Queremos que as crianças façam as conexões necessárias que permitam novos comportamentos na próxima vez. Se não forem reguladas, elas não poderão fazer essas conexões. Se não estivermos regulados, é provável que envergonhemos, disciplinemos em excesso, gritemos ou passemos um sermão.

Reconhecer. Regular. Reparar.

O que Jake precisava era a oportunidade de pensar no passado e no futuro. Ele precisava refletir sobre o que havia feito para saber o que faria em seguida.

Ele não precisava que eu preenchesse os espaços em branco para ele, apenas que eu fosse uma caixa de ressonância enquanto ele analisava o que tinha acontecido e como isso poderia sinalizar a próxima vez que ele recebesse notícias que não fossem de seu agrado.

Parte de pensar no futuro envolvia tomar decisões sobre como ele queria falar com a namorada a respeito da confiança que ele havia quebrado com os pais dela. Pensar no futuro envolvia um plano de ação para reparar os danos que ele havia causado ao pai dela.

Pensar no futuro envolveu a adoção de estratégias para combater a impulsividade que todo adolescente é vulnerável a experimentar em um determinado momento.

Pensar no futuro incluía encontrar um fim de semana em que ele pudesse executar os planos que havia na data inicial.

Os rapazes que não conseguem olhar para trás e pensar no futuro ficam com a emoção do presente. Quando os rapazes deixam as emoções tomarem conta, sem levar em conta o pensamento, o resultado pode ser perigoso.

A tecnologia permitiu que os meninos fizessem muitas coisas, sendo uma delas a comunicação imediata. Ele não precisa esperar para ligar, enviar mensagens de texto, postar, tuitar ou escrever. Eu diria que a tecnologia treinou todos nós contra a regulação e não a favor dela.

> O tolo não tem prazer no entendimento, mas sim em expor os seus pensamentos. Quem responde antes de ouvir, comete insensatez e passa vergonha.
>
> — Provérbios 18:2,13

Temos de nos treinar para não reagir imediatamente, porque certamente temos as ferramentas para isso. Além disso, temos os instintos para fazer isso. Cientistas da Universidade de Bristol estudaram o conteúdo publicado no Twitter em períodos de 24 horas durante quatro anos. Uma análise de 800 milhões de tweets revelou que o pensamento analítico só começava a atingir o pico depois das seis da manhã, com um modo de engajamento mais impulsivo e emocional que atingia o pico entre três e quatro da manhã.[1] Essa informação serve como mais um motivo pelo qual os adolescentes se beneficiam ao carregar seus telefones durante a noite em outro lugar e não no quarto. Inúmeros pais já me relataram que encontraram mensagens de texto, postagens e uso da Internet destrutivos no meio da noite.

Independentemente da hora do dia, qualquer um de nós está mais vulnerável ao comportamento online intenso no X (antigo Twitter) quando publicamos, enviamos mensagens de texto ou disparamos uma resposta em um momento emocionalmente tenso. Eu diria que a regulação é um dos trabalhos emocionais mais importantes que podemos fazer como adultos para nos posicionarmos para modelar e ensinar isso às crianças que amamos. Só podemos levar as crianças que amamos até onde nós mesmos chegamos. Se a regulação é um obstáculo para você como pai ou mãe, esse é o lugar para começar.

É difícil para as crianças aprenderem a ser mais receptivas do que reativas quando não conseguem ver isso nos adultos em quem mais confiam neste mundo.

Anotar

Anos atrás, aconselhei outro jovem que era igualmente reativo por natureza. Ele deixava escapar respostas na sala de aula, interrompia os amigos quando estavam conversando, corrigia os irmãos e, às vezes, desafiava os treinadores.

As coisas chegaram a um ponto crítico quando seus pais descobriram que ele havia enviado uma mensagem de texto para a namorada dizendo que a amava, que não queria viver sem ela e que não conseguiria seguir em frente se eles se separassem. Essa troca de mensagens foi resultado de um conflito entre ele e a namorada que a deixou vulnerável, sentindo-se responsável e com medo da segurança dele. Os pais dela entraram em contato com os pais dele para se certificarem de que estavam cientes daquela comunicação e do tom desesperado que ela assumia.

Seus sábios pais o confrontaram e ele lhes garantiu que não tinha planos de se machucar, mas que havia dito aquilo em um momento de desespero. Seu pai respondeu dizendo que entendia o que era amar alguém e o medo de pensar na vida sem essa pessoa. Ele se reuniu com seu filho com muita empatia e sintonia. Ele ajudou o filho a imaginar o tipo de pressão e responsabilidade que a namorada deve ter sentido ao carregar aquelas palavras.

Esse pai havia desafiado o filho a escrever em um diário anos atrás e até comprou um de presente para ele. Ele o incentivou a usar o diário agora como um lugar para registrar seus pensamentos e sentimentos. Ele lembrou ao filho de que seria tentador usar as mensagens de texto para esse fim se ele não tivesse um lugar seguro para canalizar todos esses pensamentos e emoções.

Ele disse ao filho que o que ele colocou nos textos teria sido perfeito para seu diário. Ele poderia voltar aos seus pensamentos em um momento posterior para identificar se aquele ainda era seu estado atual de ser. Esse pai sábio disse: "Espero que você sempre escreva [em um diário, não em mensagem de textos]. Externar esses pensamentos e sentimentos é sempre uma boa ideia. Caso contrário, eles podem ficar presos dentro de nós e quase se tornar cancerígenos para o nosso organismo. Em seguida, ele fez algumas perguntas excelentes que ajudaram o filho a ligar os pontos para ver como ele havia usado a namorada como uma forma de lidar com o medo, em vez de fazer o trabalho sozinho.

Seu pai continuou a ajudá-lo a diferenciar entre usar uma pessoa como apoio e usá-la para regular. Tenho essa conversa com frequência em meu escritório. É vital que os meninos aprendam as habilidades para acalmar seus corpos e cérebros sozinhos. Treinar os meninos para que sempre precisem da presença de uma pessoa para fazer o trabalho de regulação faz duas coisas. Primeiro, faz com que eles acreditem que são incapazes de fazer o trabalho sozinhos. Em segundo lugar, coloca uma enorme quantidade de responsabilidade desnecessária em seus futuros amigos, cônjuges e, possivelmente, até filhos. Isso prepara o cenário para o padrão de ancoragem que acabamos de discutir. A ancoragem é um trabalho emocional lento. Escrever no diário é um esforço.

Os meninos são rápidos em responder "eu não sei" a perguntas que os obriguem a pensar ou refletir. Escrever as perguntas os obriga a desenvolver seus pensamentos e, por sua vez, a ter uma mente mais psicológica. Falo com frequência sobre a importância de ajudar os meninos a desenvolverem um sistema imunológico psicológico.

Pense na primeira vez que você levou seu filho ao pediatra por causa de um resfriado ou vírus. O médico ou a enfermeira provavelmente disse algo como: "Bem, pelo menos o sistema imunológico dele está ficando mais forte." Todos nós sabemos que quando o corpo está lutando contra qualquer tipo de doença, o sistema imunológico é fortalecido no processo.

O mesmo acontece quando as crianças enfrentam circunstâncias difíceis, lidam com emoções desafiadoras ou resolvem problemas para superar um obstáculo na vida. Nesses momentos, elas estão desenvolvendo um sistema imunológico psicológico mais resistente.

Escrever no diário permite que as crianças se desenvolvam dessa maneira. É uma ferramenta para processar suas emoções de forma ponderada, reenquadrar circunstâncias difíceis, aumentar a autoestima e a compreensão de si mesmas, pensar no passado e no futuro e limpar os pensamentos antes de dormir.

Tenho uma amiga que é professora de serviço social em uma universidade. Enquanto a pandemia de 2020 continuava, perguntei o que ela estava observando em seus alunos. Ela comentou que eles pareciam estar enfrentando a pandemia com mais resiliência, simplesmente porque tinham habilidades que outros alunos não tinham. Ela exigiu que cada um deles escrevesse um diário como tarefa semanal com valendo nota. Na experiência do diário, eles tinham de desenvolver um plano de autocuidado e identificar as habilidades de enfrentamento que estavam funcionando para eles no momento.

Essa prática era algo que ela usava desde que começou a lecionar. Não era algo novo para a COVID-19; era um plano de longo prazo em vigor que, por acaso, serviu a seus alunos de uma maneira única durante um período particularmente difícil em suas vidas.

Queremos que nossos filhos estejam equipados como esses alunos para definirem as regras do jogo.

Sem esforço vs. com esforço

É importante observar aqui que escrever no diário exige esforço. É mais fácil não escrever nada. Assim como é mais fácil dizer "eu não sei" para as perguntas. É mais fácil ter um ataque de birra do que desenvolver práticas que acalmem meu sistema nervoso.

Regular as emoções é um trabalho árduo. Nunca é fácil. E é vital para criar meninos emocionalmente fortes. Não é diferente de ganhar músculos físicos e envolve treino – de força e condicionamento. Nenhum ser humano jamais ficou fisicamente em forma deitado em um sofá.

Felizmente, a maioria dos meninos entende o treinamento. Eles também entendem o conceito de um treinador. Não existe um atleta profissional que tenha treinado sozinho. Todo atleta bem-sucedido investiu em treinadores que ficavam do lado de fora dando instruções e feedback.

Esse treinamento emocional não é diferente. Os meninos precisam de treinamento e prática. Se ele não conseguir receber bem as instruções e o feedback de vocês, como pais, talvez seja necessário recorrer a uma fonte externa. Muitos meninos resistirão a esse tipo de treinamento, mas eu diria que ele não é apenas importante, é necessário.

Felicidade vs. caráter

Eu ri com alguns pais em uma consulta na semana passada. O filho deles havia trabalhado com um especialista em TDAH quando estava na quarta série, logo após o diagnóstico. Ele estava aberto no início e resistente no final. Eles interromperam o processo e tentaram novamente com um novo terapeuta no ensino médio. Quando entraram em contato comigo, já haviam trabalhado com seis clínicos diferentes (especialistas em aprendizagem, orientadores de TDAH, terapeutas de crianças e adolescentes e psiquiatras). O pai comentou que acreditava que eles "simplesmente não fizeram o marketing da maneira correta para despertar o interesse do nosso filho."

Eu lhe disse que duvidava que fosse o plano de marketing, mas sim a resistência do filho em colaborar. A maioria dos meninos e adolescentes do sexo masculino que passam pela porta da frente de nossa clínica de aconselhamento está em algum lugar entre o hesitante e o resistente. Acredito que a maioria dos meninos vê o aconselhamento da mesma forma que os homens veem a colonoscopia. Todos sabem que é uma boa coisa a se fazer, mas ninguém está interessado em fazê-la. Ambos parecem invasivos e como se alguém estivesse "metendo-se em seus assuntos."

Rimos juntos por um momento com essa analogia e, em seguida, desafiei os pais a tirar o foco do marketing e colocá-lo no bem-estar do filho. Descobri que gastamos muita energia buscando a felicidade de nossos filhos em detrimento do bem-estar. Desafiei-os a comunicar isso claramente ao filho. Para que ele soubesse que eles ouviam sua voz e que estavam cientes de que ele não estava interessado em se reunir com ninguém, mas que essa decisão não era mais só dele.

As circunstâncias que os trouxeram até nós incluíram uma discussão acalorada na quadra de basquete com um adversário, gritos com um professor na sala de aula, inúmeros episódios de raiva em casa e uma ligação da escola informando que ele havia dito a um colega que estava pensando em se matar.

Esse jovem, como muitos meninos, tinha habilidades emocionais limitadas. Ele estava perto de completar dezesseis anos e seus pais estavam muito preocupados em colocar esse garoto explosivo, impulsivo e desregulado no volante de um carro. Eu uni nossas preocupações de que, se ele não desenvolvesse algumas habilidades logo, provavelmente encontraria o caminho das drogas como forma de aliviar sua dor. Ele já tinha desenvolvido o hábito de se aliviar com o uso de telas e frequentemente ficava furioso quando lhe pediam para desligar o celular, o tablet ou os videogames.

Tive essa conversa mais em torno da priorização do bem-estar e convidei seus pais a verem essa decisão como algo semelhante a levá-lo ao pediatra para consultas de rotina, ao dentista para limpezas ou a aulas particulares no verão. Não existe uma criança que implore para ir ao médico para tomar vacinas ou tomar picadas no dedo, ou ao dentista para remover a placa bacteriana. Entretanto, levamos as crianças que amamos a essas consultas porque sabemos que isso está relacionado ao bem-estar geral delas.

Pais amorosos não permitem que filhos menores de idade abusem de substâncias, pois isso é perigoso e ilegal. Da mesma forma, estabelecemos limites, exigimos tarefas, reforçamos esses limites e disciplinamos porque sabemos que essas coisas criam segurança e proteção para os filhos em desenvolvimento. Não tomamos essas medidas porque as crianças ficam felizes. Fazemos isso porque isso as torna saudáveis. Priorizar o bem-estar em vez da felicidade é uma forma de amor.

> Ou vocês já se esqueceram de que os bons pais tratam bem os filhos e que Deus trata vocês como filhos dele? Meus filhos queridos, não desprezem a disciplina de Deus, também não sejam esmagados por ela. Ele disciplina o filho que ama; o filho que ele abraça, ele também corrige. Deus está educando vocês; é por isso que vocês nunca devem desistir. Ele está tratando vocês como filhos queridos. Essa provação que vocês estão enfrentando não é um castigo; é um treinamento, a experiência normal dos filhos. Só pais irresponsáveis deixam os filhos por conta própria. Vocês gostariam que Deus fosse irresponsável? Se respeitamos nossos pais que nos educaram e não nos mimaram, por que não aceitar a disciplina de Deus, para que possamos viver de verdade? Quando éramos crianças nossos pais faziam o que para eles parecia o melhor. Mas Deus está fazendo o que é melhor para nós. Está nos treinando para que possamos viver de acordo com seu santo propósito. A disciplina nunca é divertida quando está sendo aplicada. É sempre dolorosa. No entanto, mais tarde, evidentemente há uma bela recompensa, pois quem é treinado adequadamente se torna maduro no relacionamento com Deus.
>
> — Hebreus 12:5-11 (*A Mensagem*)

Definição de metas

Cuidar do bem-estar dos nossos filhos envolve a criação de contextos para que eles continuem a desenvolver seus pontos fortes e, ao mesmo tempo, ajudá-los a se desenvolver em seus pontos fracos

Há alguns anos, entrei em uma academia e parte do pacote incluía três sessões gratuitas com um *personal trainer*. Eu nunca tinha tido um *personal trainer* na vida e achei que seria divertido ter essa experiência. Principalmente se eu não tivesse de pagar a mais por isso. Lembro-me de chegar cedo para meu treino, como uma criança em seu primeiro dia no jardim de infância. O treinador era vinte anos mais jovem do que eu e estava claramente em melhor forma. Ele começou a sessão com algumas perguntas sobre meu histórico de saúde. Quanto mais perguntas ele fazia, mais inseguro eu me sentia em relação à experiência. Eu tinha certeza de que poderia perceber, pela minha aparência, que eu era um pai de três filhos de meia-idade, mas fiz questão de dizer o óbvio para confirmar que ele teria poucas expectativas e que seguiria um ritmo de iniciante.

Depois de vinte minutos de exercício, disse-lhe que estava prestes a vomitar. Lembro-me de jogar água fria no meu rosto na pia e pensar: Por que alguém pagaria por essa tortura? Eu tive esse mesmo pensamento no dia seguinte à minha segunda sessão "gratuita", quando meus músculos estavam mais doloridos do que nunca.

Meu corpo estava clamando por alívio porque eu estava malhando meus músculos fracos. Embora eu espere que o treino de construir músculos emocionais não provoque o mesmo tipo de agonia, é importante observar que nossos filhos podem ter muita dificuldade em trabalhar seus músculos mais fracos.

Mencionei o trabalho de regulação porque, novamente, é um trabalho. Ao contrário do meu instrutor na primeira aula, eu o incentivaria a acompanhar o ritmo do trabalho de acordo com as habilidades e o temperamento do seu filho. Ao estabelecer metas, faça o possível para que sejam mensuráveis e gerenciáveis.

Eu estabeleço muitas metas com os meninos em meu escritório. A tendência deles geralmente é estabelecer metas grandes e desafiadoras. Embora eu aprecie o desejo de um garoto de se esforçar, muitas vezes acho que isso se deve ao fato de ele ter pouca prática com as metas. Muitas pessoas têm dificuldades com as metas porque simplesmente estabelecem uma linha de meta muito distante nas primeiras tentativas.

Muitos que querem começar a correr desafiam a se inscrever em uma maratona, em vez de uma corrida divertida ou de 5 km. Correr 40 km é uma longa distância se você for um iniciante. Considere começar com 5 km e depois passar para 10 km, correr algumas meias maratonas e depois tentar uma maratona completa. Atingir metas menores aumenta nosso desejo de continuar avançando. Isso também nos permite ver pequenos sucessos ao longo do caminho.

Da mesma forma, os meninos têm dificuldade para estabelecer metas que possam ser facilmente mensuradas. Muitos meninos com dificuldades na escola escrevem metas como "dedicar-se mais" ou "estudar mais", em vez de metas como "receber sempre nota 7,0" ou "estudar matemática por quinze minutos a mais todas as noites." As metas podem incluir contratar um professor particular duas vezes por semana, passar duas horas na preparação para o Enem todos os sábados de manhã ou fazer três simulados práticos. Percebeu como essas metas são específicas e facilmente mensuráveis?

Seja estabelecendo metas físicas, emocionais, relacionais ou espirituais, os meninos precisam de orientação sobre como estabelecer metas que sejam mensuráveis e gerenciáveis, enquanto continuam a criar uma imagem para si mesmos. Estabelecer metas têm sido associado à resiliência e a uma mentalidade de crescimento. Quando bem-feita, essa prática traz inúmeros benefícios.

Criando uma imagem

Outro benefício de ajudar os meninos a desenvolverem metas é treiná-los para criar uma imagem de onde esperam estar. Já me sentei com inúmeros rapazes no primeiro e último ano do ensino médio que não conseguem articular nada sobre como querem que seja o próximo capítulo da vida. Não estou falando sobre o que vão fazer daqui a vinte anos; estou falando sobre a vida após o ensino médio. Eles não sabem se vão para a faculdade, se vão para o mercado de trabalho, para o exército ou se vão tirar um ano sabático. Não tenho nenhuma expectativa de que um jovem entre dezesseis e dezoito anos tenha todo o seu futuro planejado. Nem mesmo me preocupo com um jovem que não tem certeza de onde quer ir, seja para a faculdade ou o que deseja estudar. É bom ter uma noção geral de onde ele gostaria de estar em seguida.

> Onde não *há* visão profética, o povo perece
>
> — Provérbios 29:18 KJV

Acredito que os meninos anseiam por um propósito. Isso está ligado ao que somos como homens. Os meninos que não têm um propósito são vulneráveis a muitas coisas. Desde a infância até a idade adulta, queremos ajudar os meninos a encontrar seu caminho para o propósito – dentro de nossas famílias e lares, em suas comunidades escolares e religiosas, por meio de experiências esportivas e extracurriculares e no contexto de seus relacionamentos. Os meninos têm a mente voltada para a missão.

Estabelecer metas não apenas treina os meninos a pensar no futuro e a ter uma visão para si mesmos, mas também os leva a um propósito e permite que aproveitem sua força e capacidade.

Recentemente, conversei com um pai que contou sobre uma experiência entre pai e filho com um grupo de homens e seus filhos adolescentes. Eles saíram para acampar durante a noite e ficarem juntos. Acredito que envolver uma experiência de laços em um momento de diversão é sempre uma vitória. Acampamentos, parques aquáticos, parques de diversões, pernoites em um hotel, filmes, shows e assim por diante. Qualquer coisa que inclua aprendizado e risadas, conversas e conexões, experiência e diversão.

A noite começou com uma grande fogueira e um jantar. Eles brincaram de pega-pega com lanternas e depois tiveram um momento de compartilhar experiências.

No dia seguinte, houve uma caminhada, uma dinâmica sobre confiança e uma caça ao tesouro, com atividades que os pais e filhos fizeram juntos, além de uma conversa rica e franca.

Muitos dos filhos relataram ter ouvido histórias que nunca tinham ouvido. A maioria dos pais chorou em algum momento durante o fim de semana, e os meninos tiveram a oportunidade de ver as emoções que residem na vida dos homens. Eles viram homens sendo vulneráveis, compartilhando histórias de dor e esperança, arrependimento e redenção.

Cada dupla de pai e filho recebeu um pedaço de papel dividido em quatro partes. Eles a chamaram de quatro quadrantes. Nos dois primeiros quadrantes, eles foram convidados a descrever seu "eu" externo e seu "eu" interno. O eu externo era um resumo de como a maioria das pessoas os descreveria. As coisas que eles fazem e o que parece óbvio para o mundo. O eu interior incluiria coisas menos óbvias ou desconhecidas – medos e esperanças, coisas que eles queriam dizer, mas precisavam de coragem para expressar. Os quadrantes da parte de baixo eram para experiências formativas em suas vidas, eventos que moldaram quem eles são. Uma experiência passada e uma experiência recente.

Os pais e filhos sentaram-se ao redor da fogueira e compartilharam os quatro quadrantes. Essa atividade se estendeu até a manhã seguinte, e eles foram enviados para casa com perguntas para fazer uns aos outros nas semanas seguintes. As perguntas eram simplesmente um veículo para manter a conversa, a reflexão e o diálogo.

Isso é algo que qualquer pai, avô, pastor de jovens ou mentor pode fazer. Pode ser o ponto de partida para iniciar um clube do livro ou um pequeno grupo, fins de semana trimestrais juntos ou uma viagem anual. Os principais ingredientes são o tempo e a intenção.

Exercícios de reflexão como esse foram criados para ajudar os meninos a desenvolverem uma vida interior. Os meninos precisam ser capazes de articular os eventos da vida que moldaram quem eles são. Eles precisam desenvolver a coragem de falar sobre seu "eu" interior. Para nomear suas esperanças e medos, alegrias e tristezas. A capacidade de um menino de fazer esse trabalho interior é o que prepara o terreno para que ele esteja presente nas amizades e, um dia, no casamento e na educação dos filhos. Se um menino não consegue se apresentar em sua própria vida, será extremamente difícil para ele se apresentar para os outros. Se ele não consegue ver uma vida reflexiva em um homem que ele respeita e em quem confia, será um desafio desenvolver esse conjunto de habilidades para si mesmo. Vou lembrar você cuidadosamente de que a melhor maneira de o ajudar a desenvolver músculos emocionais é ver os adultos ao redor usarem os próprios músculos.

Práticas intencionais

1. Sugestões para o diário. Uma lembrança favorita. Um momento em que senti medo. Uma esperança para o futuro. Se eu pudesse ter algum superpoder. O que mais gosto no verão. Três fatos interessantes sobre mim. Um personagem de um livro ou filme que eu gostaria de conhecer e por quê.
2. Avaliação dos pontos fortes. Desenhe uma linha no centro de uma folha de papel. Liste os pontos fortes em um lado e os pontos fracos no outro. Considere a possibilidade de usar as listas para ajudar a desenvolver algumas metas.
3. Conteúdo/descontentamento. Liste três coisas com as quais você está satisfeito e três coisas com as quais está descontente nesta fase da vida.
4. Altos e baixos. Revezem-se na mesa de jantar, identificando os momentos bons e difíceis do dia.
5. Salmos 27:13. Leia essa passagem e peça a cada membro da família que compartilhe onde viu evidências da bondade de Deus no passado ou no presente.

CAPÍTULO 4

ANSIEDADE E DEPRESSÃO

No início de uma consulta com uma nova família, levamos as crianças para um tour pelo escritório da *Daystar*. Oferecemos a elas um lanche e uma bebida, elas conheceram alguns dos cães de terapia e terminamos em um de nossos escritórios conversando sobre o motivo da visita. Queremos primeiro ouvir a perspectiva do aluno sobre o motivo pelo qual sua família entrou em contato para agendar a consulta. É fascinante ouvir as crianças de várias idades articularem os motivos que as levaram a vir e as necessidades que existem. É comum que os adolescentes digam: "Eu não sei" ou "Foi ideia dos meus pais."

Em seguida, pergunto: "Qual é o seu melhor palpite sobre o motivo pelo qual seus pais marcaram essa consulta?" Recentemente, um garoto com ansiedade grave (enterrada sob anos de negação) respondeu: "Não sei." Ele estava visivelmente frustrado por estar tendo essa conversa comigo e furioso por seus pais terem marcado a consulta.

Eu nunca deixo os garotos se safarem com "eu não sei." É uma resposta emocional preguiçosa e uma evidência de habilidades subdesenvolvidas.

Pedi que desse o seu melhor palpite e, depois de alguma resistência e demora, ele pareceu perceber que eu não o deixaria escapar. Ele admitiu ter enviado uma mensagem de texto ao pai naquela manhã, perguntando por que tinha de vir e querendo cancelar o compromisso. Pedi que ele lesse a mensagem em voz alta para ver se conseguíamos descobrir juntos.

Por que está me obrigando a fazer terapia? Seu pai respondeu com seis motivos claros. Ele relatou várias idas ao pediatra por problemas respiratórios e estomacais que, depois de o menino ter sido avaliado da cabeça aos pés pelo pediatra em várias consultas e exames, não encontraram nada físico. Ele também relatou que sua namorada frequentemente enviava mensagens de texto aos pais para dizer que estava preocupada com seus "ataques de pânico e raiva explosiva." Havia comentários de professores e técnicos que também expressavam preocupação. Quando ele terminou de ler a lista, perguntei o que ele achava das palavras de seu pai.

"Nada disso é verdade," ele respondeu.

Esse é um quadro clássico de negação masculina. Apesar das observações de sua mãe, pai, médico, professores, treinadores e namorada, ele ainda relutava em admitir que tinha um problema. Descobri que ele já havia se consultado com três conselheiros, com uma ou duas consultas cada, e se recusava a voltar.

Desafiei os pais dele, dizendo que era hora de parar de dar a ele a opção de escolher se achava que precisava de ajuda e que era hora de começar a alavancar o que era mais importante para ele.

A lista do pai também incluía a automedicação do rapaz com álcool e maconha enquanto dirigia. Eu os incentivei a fazer o exame toxicológico e confiscar as chaves do carro se descobrissem que ele continuava a usar. Apesar das preocupações de várias fontes confiáveis, eles continuaram a permitir que ele dirigisse e saísse com outras pessoas, pagavam a gasolina, o seguro, a conta do celular e davam a ele dinheiro para os gastos mensais. Ele tinha total apoio e estava tomando as decisões. No entanto, ele estava passando por grandes dificuldades e toda a família estava sofrendo como resultado da falta de inciativa de buscar ajuda.

Enquanto eu estava reunido com seus pais (por aproximadamente vinte e cinco minutos), ele enviou mensagens de texto ao pai repetidas vezes e depois ligou cinco vezes quando não respondeu. O pai estendeu o celular para me mostrar o número de tentativas e disse: "É isso que ele faz se não respondermos imediatamente." Os meninos ansiosos geralmente são altamente desregulados e não conseguem lidar com o desconforto da espera. Eles fazem perguntas intermináveis, exigem informações e se prendem em alguém que se tornará seu recurso quando eles ainda não desenvolveram essa capacidade.

Lembrei aos pais de que a jornada era curta antes que ele se formasse, se mudasse e vivesse por conta própria. Eles tinham uma pequena janela de tempo para oferecer apoio consistente e equipá-lo com as habilidades necessárias para lidar com essa ansiedade debilitante. Em breve, eles não teriam controle sobre o processo. Esse é o tipo de jovem que vai para a faculdade e pode facilmente passar de mero experimentador para ser dependente de drogas. Na tentativa de silenciar a ansiedade ou aliviar a depressão, ele precisa cada vez mais de uma substância para anestesiar o desconforto.

Esse ciclo improdutivo gera um resultado prejudicial de vergonha e abuso de substâncias. Ele então sente mais vergonha por esconder o hábito e mentir para encobrir seus rastros, de uma forma que só alimenta a necessidade de ter mais. E o ciclo continua.

Perdendo os sinais

A ansiedade desse jovem é um lembrete de que as aparências enganam. Os meninos ansiosos geralmente parecem rígidos, teimosos, controladores, perfeccionistas, irritados ou explosivos. Nos meninos, a ansiedade certamente pode se apresentar como medo e preocupação, mas, na maioria das vezes, parece agitada e explosiva.

Os meninos deprimidos às vezes parecem tristes e letárgicos, mas, na maioria das vezes, são irritáveis e voláteis. Certa vez, uma mãe descreveu seu filho deprimido como "cronicamente de mau humor – uma irritabilidade de baixo grau com a qual ele acorda todas as manhãs." Esse jovem não estava chorando na cama, mas gritando e se opondo.

Quando consideramos a agitação psicomotora da ansiedade e a depressão, geralmente pensamos em olhar para dentro. Olhar para dentro com preocupação ou isolar-se com tristeza. Os meninos certamente podem apresentar agitação interna, mas muitas vezes são agitações externas. São explosões emocionais cheias de gritos, batidas, arremessos e ameaças.

Minha experiência em aconselhamento me diz que uma porcentagem de meninos (geralmente primogênitos) demonstra o perfeccionismo, o controle e o desempenho em sua forma mais clássica, como forma de controlar a ansiedade. A depressão deles é mais uma raiva interior, que impulsiona a necessidade de agradar e ter um bom desempenho, tanto acadêmico quanto esportivo. Essa demonstração, seja qual for a ordem de nascimento de um jovem, resulta em garotos que confundem a linha entre excelência e perfeição. Eles colocam o padrão de desempenho em um lugar irracional, exigindo coisas impossíveis de si mesmos em um esforço para superar as emoções difíceis que estão vivendo.

É interessante notar que o desempenho excessivo é uma versão disfarçada do entorpecimento. A incapacidade de lidar com o desconforto da vida gera a necessidade de acalmar a tempestade interior com uma demonstração externa. Na medida em que me sinto fora de controle internamente, vou me esforçar para tentar controlar algo externamente – pessoas, resultados, situações ou circunstâncias. É uma tentativa de acalmar uma tempestade que está se alastrando por dentro. Quanto mais forte a tempestade, mais desesperada é a necessidade de controle.

Sinais e alertas

Converso com os meninos sobre como as luzes do painel do carro foram projetadas para nos indicar a melhor forma de cuidar do veículo. Recebemos um sinal de alerta quando um pneu está murcho, o óleo precisa ser trocado ou quando é necessário fazer a manutenção de rotina. Desde que percebamos o sinal em tempo hábil, colocando ar em um pneu, trocando o óleo ou tampando o fluido do limpador de para-brisa, o carro funcionará bem.

Se vermos uma luz de verificação do motor, isso pode ser um indicador de um problema interno maior. Dependendo do veículo, pode ser simplesmente a hora de fazer uma revisão ou pode ser um indicador de uma necessidade maior que requer atenção. Os meninos precisam saber que nosso corpo funciona da mesma forma. Temos sinais internos e alertas que nos avisam sobre algo que precisa de atenção. Seu corpo pode sinalizá-lo com um aumento da frequência cardíaca, tensão nas costas ou em outros músculos, sensações no estômago ou tensão na cabeça. Há muitas maneiras de nossos corpos enviarem sinais emocionais em sintomas físicos.

As emoções são como as luzes do pneu, do óleo ou do limpador de para-brisa. Elas nos alertam sobre experiências às quais vale a pena prestar atenção ao longo do dia. A ansiedade e a depressão são mais parecidas com a luz de verificação do motor, um indicador de que algo a mais pode estar acontecendo.

Todos nós sabemos que ignorar uma luz de verificação do motor por um longo período pode resultar em danos significativos ao carro. Pode haver um problema interno que, se não for solucionado, pode prejudicar o sistema operacional.

Para manter essa analogia por mais tempo, costumo explicar que, às vezes, podemos cuidar do veículo por conta própria. Eu sei como colocar ar nos pneus e encher o fluido do limpador de para-brisa. Alguns homens sabem trocar o óleo sozinhos. No entanto, geralmente precisamos da ajuda de um mecânico – alguém com experiência para nos ajudar a avaliar o problema e determinar um caminho a seguir.

A maioria dos homens fica feliz em entregar seu veículo a um mecânico. Poucos homens ficam felizes em entregar seu bem-estar a um profissional, como um conselheiro, médico ou pastor. Obter opiniões de outra fonte é uma atitude sábia e responsável. É um reconhecimento de que eu não posso saber tudo. Buscar ajuda não é um sinal de fraqueza – é um sinal de sabedoria. Na minha opinião, buscar uma segunda opinião para certa situação é um sinal de inteligência, não de incompetência.

Exercícios de atenção plena

Meu trabalho com homens jovens sempre começa com os exercícios de atenção plena. Esses são o ABC do trabalho emocional. Por mais básico e simples que pareça, não consigo imaginar quantos homens que eu conheço que não têm essas pedras fundamentais. Assim como aprender as pedras fundamentais da leitura pode levar mais tempo para algumas crianças do que para outras, aprender as pedras fundamentais das emoções podem ser mais trabalhoso para alguns meninos.

O desenvolvimento, o temperamento e a modelagem certamente afetam a equação. Quanto mais avançado for o desenvolvimento de um menino, mais difícil será ensinar-lhe essas habilidades. Todos nós sabemos que é mais fácil aprender um novo instrumento ou um segundo idioma quando se é mais jovem, e o mesmo acontece com esse tipo de aprendizado. Sou um defensor de iniciar esse trabalho o mais cedo possível na vida de um menino, lembrando que nunca é tarde demais. Seja qual for a idade do seu filho (ou marido) enquanto estiver lendo este livro, ouça-me dizer essas palavras novamente: Nunca é tarde demais. Afinal, é possível ensinar novos truques a um cachorro velho. O aprendizado pode simplesmente demorar mais tempo.

O temperamento certamente desempenhará um papel importante. Alguns meninos têm a mente mais aberta e estão ansiosos para aprender. Outros são mais teimosos e menos treináveis. Alguns meninos operam mais com uma mentalidade fixa; outros desenvolveram mais uma mentalidade de crescimento. Alguns meninos têm o copo meio cheio, outros têm o copo meio vazio. Sua tarefa é simplesmente se apoiar em tudo o que Deus está lhe revelando sobre o temperamento central de seu filho e a direção que ele parece seguir naturalmente. Reconheça o temperamento dele ao ensinar essas habilidades.

Se um menino foi criado por adultos com vocabulário emocional limitado e sem habilidades de enfrentamento saudáveis, ele simplesmente não teve a oportunidade de ver modelos suficientes. Você vai aprender junto com ele, e eu o incentivaria a falar sobre como vocês estão aprendendo juntos. Acho ótimo quando os meninos ouvem os pais reconhecerem que não cresceram expressando sentimentos e que precisam se atualizar.

Nomear

É mais fácil nomear os sentimentos com um gráfico de sentimentos em mãos. Ele transforma questões discursivas, do tipo "preencha as linhas em branco", em questões de múltipla escolha. Os meninos não precisam mais inventar a emoção. Eles podem simplesmente consultar a tabela para obter ideias. Meu desafio para os pais é procurar o maior número possível de oportunidades (à mesa de jantar, durante o passeio de carro, passeios em família, caminhadas de fim de semana) para incluir o vocabulário emocional em suas conversas diárias ao compartilharem a vida juntos e relatarem os acontecimentos da vida.

Respirar

A respiração profunda é uma prática fundamental e bem pesquisada para acalmar o cérebro e o corpo. Logo no início de meu trabalho com qualquer menino, eu o armo com a habilidade da respiração de relaxamento. Começo com algumas informações básicas sobre o cérebro. Falo sobre como o fluxo sanguíneo circula por todo o cérebro e, quando estamos calmos, a maior parte desse fluxo fica em torno do córtex pré-frontal, que abriga os lobos frontais. Nossos lobos frontais nos ajudam a:

1. pensar racionalmente e
2. gerenciar nossas emoções.

Quando estamos emocionalmente sobrecarregados, ansiosos ou preocupados, o fluxo sanguíneo se desloca para a parte posterior do cérebro, para a amígdala. A amígdala é a parte do cérebro que aciona uma resposta de luta, fuga ou paralisia. Nesse momento, estamos em um estado elevado de excitação. Nosso trabalho é fazer com que o fluxo sanguíneo volte para a parte frontal do cérebro para que possamos pensar racionalmente e controlar nossas emoções. A respiração é a maneira mais eficiente e eficaz de criar esse movimento de trás para a frente.

Ao longo dos anos, trabalhei com a força de operação especial da Marinha, com o Exército e com as Forças Especiais do Exército e suas famílias. Ao falar sobre esse conceito, um deles o chamou de respiração de combate. Eles continuaram dizendo que era um conjunto de habilidades necessárias, pois inevitavelmente se encontravam em situações de vida ou morte e precisavam acalmar o cérebro e o corpo para tomar decisões ponderadas, racionais e estratégicas. Gostei mais da expressão "respiração de combate" do que "respiração profunda" para os meninos. Gostei muito dessa expressão sobre a batalha que ocorre em nossos cérebros e corpos e a luta pelo pensamento racional e pela regulação das emoções.

Eu oriento os meninos a que façam três minutos de respiração de combate, perguntando-lhes, no final, o que estão sentindo e as diferenças que perceberam em seus corpos. Eu uso um relógio e peço aos meninos que observem minha frequência cardíaca antes do início da respiração e novamente quando ela termina. Consistentemente, consigo baixar minha frequência cardíaca com apenas alguns minutos de respiração de combate. Isso serve como prova concreta do benefício que qualquer um de nós pode experimentar ao dominar essa habilidade que pode ser usada em qualquer lugar e a qualquer momento. Os meninos podem usá-la antes de um teste cronometrado, no banco de reservas, na linha de lance livre, antes de uma apresentação de artes plásticas, ao convidar uma garota para dançar ou durante uma conversa difícil com os pais. Os benefícios são infinitos.

Habilidades de enfrentamento

O desenvolvimento de habilidades de enfrentamento é o próximo passo para equipar os meninos. Faço com que os rapazes de todas as idades saiam de meu escritório com uma Lista das cinco melhores ideias – uma lista de válvulas de escape para transformar a emoção em algo construtivo. Mencionei anteriormente que os meninos têm muita somatizações em suas emoções. Ou seja, quero que a lista inclua algumas maneiras de extravasar como jogar basquete, passear com o cachorro, dar voltas, pular no trampolim, fazer flexões ou flexões de braço e estocadas ou abdominais.

O ambiente espaçoso discutido no capítulo 2 pode ser um ótimo lugar para pendurar a Lista das cinco melhores ideias como referência.

Costumo ensinar algumas técnicas de aterramento para se ancorarem no presente quando as emoções os levarem para o passado ou para o futuro. A ansiedade reside no passado ou no futuro. É a preocupação com algo que já aconteceu ou que pode acontecer. Ruminar e fazer previsões são sinais de ansiedade. As técnicas de estabilização permitem que os meninos voltem ao presente.

As técnicas incluem a contagem regressiva, a identificação de tudo o que estiver em um cômodo de uma determinada cor, ou o passeio pelos cinco sentidos e o reconhecimento das coisas que podem ser vistas, cheiradas, ouvidas, saboreadas e tocadas no momento. Essas são tarefas cognitivas que ocupam o cérebro quando ele está se preocupando ou sem esperança. Essas práticas são estratégias bem pesquisadas dentro da terapia cognitivo-comportamental que os meninos podem fazer a qualquer hora e em qualquer lugar.

Uma regra que tenho ao ajudar meninos de qualquer idade a criar uma Lista das cinco melhores ideias é "nada de telas." Como mencionei anteriormente, as telas são uma fuga, não uma estratégia. À medida que um menino se torna hábil em nomear/respirar/copiar, permito que ele use o aplicativo de meditação Calm, Pause ou Headspace no celular, mas no início é muito fácil começar com esse aplicativo e acabar rolando a tela sem pensar. Usar o aplicativo é como fazer um trabalho de pós-graduação. Só começamos a pós-graduação depois de concluir o curso superior.

Os exercícios de respiração plena são o trabalho inicial para ajudar qualquer jovem a lutar contra a ansiedade ou a depressão. É importante observar aqui que qualquer pai pode trabalhar com seu filho nessas estratégias básicas. Para uma parcela de meninos, essas habilidades podem ser suficientes para iniciar a batalha contra a preocupação e a ansiedade, o desespero e a depressão. Para os outros, uma voz externa é necessária – um profissional que possa estar ao lado de um menino e de seus pais para tratar os sintomas. Outros meninos também podem precisar de medicação como parte da jornada. O contato com um pediatra ou psiquiatra pode ser uma etapa útil e necessária para os rapazes que precisam de mais apoio.

Não apenas recomendo que os pais estejam abertos ao apoio externo, mas também os incentivo a serem positivos em relação a isso. Fale sobre os benefícios, mencione quão bom é ter acesso a recursos de saúde mental e discuta a vantagem de viver em um momento da história em que entendemos que a saúde mental é tão importante quanto a saúde física.

Se não tiver certeza de onde seu filho está em sua jornada emocional, recomendo enfaticamente que comece com uma consulta ao pediatra ou a um clínico treinado. Pode ser necessária uma triagem ou avaliação para avaliar com precisão os sintomas e as circunstâncias. Quando estiver em dúvida, conte com o apoio. Isso não só lhe dá paz de espírito como pai ou mãe que educa filhos em um momento da história em que os meninos lideram algumas das estatísticas mais assustadoras, mas também define o caminho saudável de pedir ajuda quando é necessária.

Em minha experiência, é mais do que possível que os meninos passem da preocupação excessiva para a ansiedade total ou da tristeza para a automutilação em um ritmo acelerado. Vamos nos antecipar o máximo possível em nome dos meninos que amamos. Vamos optar por ter mais apoio.

Depressão e suicídio

Há pouco tempo, li uma história sobre um homem, Devon Levesque, cujo pai cometeu suicídio quando tinha apenas dezesseis anos. O suicídio de seu pai ocorreu após um divórcio e da crise financeira de 2008.

Levesque decidiu completar a Maratona de Nova York para aumentar a conscientização sobre a saúde mental e angariar apoio financeiro para os veteranos.

Sua história chamou a atenção da mídia em todos os lugares porque ele não apenas escolheu correr a maratona, o que já é uma façanha, mas também engatinhar. Sim, você leu corretamente. Ele optou por engatinhar por 41 km. Eu o desafiaria a dar uma volta ao redor de sua casa. Perceba como é desconfortável percorrer qualquer distância nessa posição e como ficam suas costas depois, quando você se levanta.

Fiquei impressionado com a disciplina e a agonia que ele enfrentava só nos treinos, quanto mais ao completar a corrida.

Senti-me encorajado por seu desejo de chamar a atenção para a saúde mental. Seu avô e seu pai eram ambos fisiculturistas. O próprio Levesque é um especialista em bem-estar e condicionamento físico. No entanto, a partir de sua história, ele quer chamar a atenção para o que significa ser fisica e mentalmente forte.[1]

Conheço muitos homens que são fisicamente fortes, mas não mentalmente fortes. Conheço inúmeros homens que são fortes profissionalmente, mas não mentalmente. Conheci até mesmo homens que eram espiritualmente fortes, mas não mentalmente fortes.

Lembro-me de uma de minhas primeiras impressões sobre o suicídio. Foi a notícia de um homem que era um médico muito bem-sucedido. Ele tinha uma bela esposa, quatro filhos pequenos e uma grande fé. Esse homem era um líder em sua igreja e muito respeitado em sua comunidade. Ele lutava sozinho contra a depressão. Enquanto cuidava de inúmeras pessoas em seu trabalho como médico, ele negligenciava o cuidado consigo mesmo.

Ele não era apenas um médico bem-sucedido, mas também um investidor habilidoso. Ele tinha inúmeros investimentos com um portfólio impressionante. Mas quando o mercado despencou, ele também despencou. Ao longo de sua vida, ele havia experimentado uma quantidade enorme de sucesso e muito pouco fracasso. A queda era um território desconhecido e, como muitas pessoas que pensam em suicídio, ele começou a acreditar que sua dor excedia seus recursos.

Em meu trabalho, tive contato com inúmeras famílias que perderam um pai por suicídio. No meio dessa história está uma das dores mais pesadas que já encontrei. Não se trata apenas de desgosto e perda, mas de culpa e vergonha, perguntas e medo... um peso que é difícil de expressar.

Acompanhar as famílias em suas perguntas, dúvidas, tristeza e devastação é uma obra sagrada. É uma obra que desempenhou um papel importante para que eu quisesse escrever este livro. Não quero que outro menino, adolescente ou homem jamais acredite que sua dor excede seus recursos. Quero que os meninos tenham habilidades, ferramentas, relacionamentos e recursos.

A dra. Benita Chatmon, escrevendo para o *American Journal of Men's Health*, diz: "A depressão e o suicídio são classificados como a principal causa de morte entre os homens. Seis milhões de homens são afetados pela depressão nos Estados Unidos a cada ano."[2] E, em média, um homem morre por suicídio a cada minuto.[3]

A Movember Foundation, uma comunidade global e instituição de caridade que luta pela saúde dos homens, informa:

> Os homens geralmente relutam em discutir abertamente sua saúde ou como se sentem em relação ao impacto de eventos significativos da vida;
>
> Eles são mais relutantes em agir quando não se sentem fisicamente ou mentalmente bem, e;

eles se envolvem em atividades mais arriscadas que são prejudiciais à saúde.

Eles continuam dizendo: "Esses comportamentos estão fortemente ligados à... masculinidade tradicional. Os homens geralmente se sentem pressionados a parecerem fortes e estoicos", resistem ao apoio e à ajuda[4] e sentem mais desesperança e desespero.

A ansiedade e a depressão são mais comuns em meninas, adolescentes e mulheres. No entanto, é mais provável que as mulheres reconheçam sua luta e busquem apoio. Apesar dos números mais baixos entre os homens, não é surpresa descobrir que a depressão e o suicídio são classificados como as principais causas de morte entre os homens, ou que um homem comete suicídio a cada minuto do dia.

Temos de lutar contra essa realidade em nome dos meninos que amamos. Queremos fazer tudo o que estiver ao nosso alcance para criar meninos que entendam que a luta faz parte do ser humano. A luta é algo que nos foi prometido em todas as Escrituras.

> Neste mundo, vocês terão aflições; contudo, tenham coragem! Eu venci o mundo.
>
> — João 16:33
>
> Pois sabemos que toda a criação geme em conjunto como se sofresse dores de parto até agora.
>
> — Romanos 8:22
>
> Não só isso, mas também nos gloriamos nas tribulações, porque sabemos que a tribulação produz perseverança; 4a perseverança, um caráter aprovado; o caráter aprovado, esperança.
>
> — Romanos 5:3-4

Nomear e percorrer

Na vida, foi dito que teríamos lutas, mas também nos foi garantida a esperança. Não se trata de um ou de outro. São os dois. Se as lutas são parte da equação, precisamos equipar os meninos para nomeá-las e enfrentá-las. De acordo com as estatísticas, ainda temos um longo caminho a percorrer. Estamos trabalhando para expressarmos a depressão e as palavras de preocupação. Não é o que dizemos que nos adoece, mas aquilo que calamos.

Os meninos são mais propensos a identificar o que pensam do que a declarar o que sentem. É importante que isso seja explicado. Ajude-os a reconhecer a frequência com que respondem à pergunta "O que você está sentindo?" com um pensamento em vez de uma emoção. É importante entender nossos pensamentos. Os pensamentos informam as emoções. As emoções influenciam os comportamentos. Todos os três estão conectados, mas separados. A menos que eu entenda a interação entre os três, posso ficar preso por toda a vida.

O que você está pensando?

O que está sentindo?

O que você quer fazer?

Essas três perguntas básicas podem ajudar os meninos a se diferenciar e determinar um caminho a seguir. Tenha em mente duas importantes regras de engajamento ao considerar fazer essas perguntas aos meninos e adolescentes.

1. Será necessário tempo e prática para que os meninos respondam bem. Esses músculos emocionais precisam crescer e se desenvolver.

2. Ele só consegue responder bem a essas perguntas quando o fluxo sanguíneo está oscilando em torno do córtex pré-frontal, permitindo que ele pense racionalmente e controle suas emoções.

Inversão da ordem

Se tentarmos fazer essas perguntas em um momento de sobrecarga emocional, é como discutir com um bêbado. Ele não está com a mente sóbria e, portanto, não pode responder de forma ponderada. Nesses momentos, a respiração e o enfrentamento muitas vezes vêm antes de nomear. Entendo que isso significa que o ABC está fora de ordem, mas essa é uma sequência comum dos fatos. Voltarei a esse assunto ao longo deste livro. O enfrentamento e a calma vêm em primeiro lugar. Quando se trata de meninos, em vez do NRS (nomear/respirar/superar), é mais provável que seja SRN (superar/respirar/nomear).

Inverter a sequência de eventos pode mudar o jogo para meninos e pais. Isso favorece o desenvolvimento do menino e gera menos problemas para os pais. Não estou dizendo que isso funciona perfeitamente todas as vezes, mas estou convencido de que produz um grau maior de sucesso, junto com um grau maior de compreensão.

Escrevendo e refletindo

Quando meus filhos estavam no ensino fundamental, eles frequentemente recebiam tarefas que envolviam escrever um diário. Obviamente, essas tarefas eram elaboradas para desenvolver as habilidades de escrita. Sempre acreditei que as habilidades de escrita eram secundárias em relação às habilidades emocionais que estavam sendo desenvolvidas. Quando minha filha estava na primeira série, todos os alunos mantinham um diário durante todo o ano. Eles podiam simplesmente escrever sobre seus sentimentos e experiências, ou anotar uma sugestão diária dada pelo professor, caso se sentissem presos. O professor escrevia para eles, e isso se tornou uma troca atenciosa e um espaço sagrado para conversar e se relacionar. No final do ano, o professor mandava cada aluno para casa com o diário. era como uma cápsula do tempo anual e um lembrete do relacionamento compartilhado.

Lembro-me de minha filha compartilhando seu diário conosco, e chorei ao ler meses de conversas, revelando mais sobre seu mundo interior e como ela vivenciava o que estava acontecendo ao seu redor. Ele continua sendo uma das minhas lembranças favoritas de sua infância.

Cada um de nós poderia se beneficiar com o registro em um diário. Compartilhei no último capítulo que estou em uma missão para trazer de volta o costume de escrever em um diário, principalmente porque as crianças passam mais tempo postando, tuitando e enviando mensagens de texto. Elas estão divulgando seus primeiros pensamentos para o mundo em vez de analisar os pensamentos e sentimentos em longo prazo. O registro em um diário lhes dá espaço para analisar os pensamentos, sentimentos e ideias de forma mais ágil, enquanto a tecnologia permite uma postura mais reativa.

A Terapia Comportamental Dialética (TCD) foi desenvolvida na década de 1980 e é uma modalidade baseada em evidências para o tratamento de transtornos de humor, ideação suicida e padrões de comportamento como automutilação e abuso de substâncias.

A TCD argumenta que há três estados mentais, que são a mente razoável (lógica e racional), a mente emocional (humores e sensações) e a mente sábia (pensamento e sentimento). A mente sábia envolve a integração da mente razoável e da mente emocional.

Para experimentar um pouco de TCD em casa, escreva três pensamentos principais sobre uma situação. Em seguida, escreva os sentimentos, os sintomas físicos ou as somatizações. Por fim, escreva em um diário as decisões tomadas ou as ações que você escolheu com base nos pensamentos e emoções (saudáveis ou não, construtivas ou destrutivas).

A meta da TCD é equilibrar a lógica e as emoções para criar resultados mais positivos quando se depara com o estresse. O objetivo é estabelecer conexões mais fortes entre pensamentos, sentimentos e ações.

Quer lute com preocupação excessiva, tristeza intensa, ansiedade ou depressão, qualquer menino pode se beneficiar ao fazer conexões entre pensamentos, sentimentos e comportamentos. Escrever no diário pode ser uma ferramenta para ajudar os meninos a formarem conexões mais fortes nessa área.

Banquinho de quatro pernas

Uma maneira de ajudar os meninos a integrarem a verdade a essas conexões é por meio de uma prática que chamo de "banquinho de quatro pernas." Tenho um banquinho em meu escritório que uso como ferramenta visual. Peço aos meninos que se sentem no banco e sintam se ele é resistente. Quando eles se sentam, pergunto como se sentiriam se eu removesse três das quatro pernas. Eles me olham como se fosse uma pegadinha, e então rimos juntos da ideia de sentar em um banquinho de uma perna só. Ou até mesmo em um banquinho de duas pernas. A maioria dos meninos diz estar disposta a sentar em um banquinho de três pernas, mas afirma que as quatro pernas ofereceriam a melhor chance de não tombar.

Entrego-lhes um pedaço de papel e peço que escrevam essas quatro palavras:

PENSAR

SENTIR

FAZER

VERDADE

Em seguida, trabalhamos com uma história real que eles me contaram sobre um momento que gerou um resultado não muito desejável. Peço que identifiquem o que estavam pensando e sentindo como as duas primeiras pernas do banco e, em seguida, o que fizeram em resposta a esses pensamentos ou sentimentos.

Muitas vezes descobrimos que há vários pensamentos e sentimentos e, às vezes, muitas ações reativas. Por exemplo, um menino falou recentemente sobre fazer a lição de casa na mesa da sala de jantar. Ele se deparou com algumas questões difíceis de matemática e disse: "Não consigo fazer isso. Odeio matemática"! Ele, então, começou a oscilar entre a culpa e a vergonha. "Meu professor não consegue ensinar de uma forma que eu entenda". Quando sua mãe tentou ajudar, ele gritou: "Você não tem ideia do que está fazendo. Nem sequer está ensinando da maneira correta". (Culpa.) Em seguida, ele deu um forte golpe na outra direção. "Eu sou um idiota!" Depois disse: "Todo mundo sabe que sou o cara mais burro da classe". (Vergonha.) Esses pensamentos (a primeira etapa) se repetiram em questão de minutos.

Em seguida, passamos para as emoções (segunda etapa) e escrevemos que estávamos nos sentindo frustrados, assustados e sem esperança.

Em relação às suas ações (a terceira perna), ele relatou ter feito declarações negativas, ter gritado com a mãe quando ela se ofereceu para ajudar e ter arremessado nela um livro didático.

Nesse momento, peço aos rapazes que contraponham os pensamentos, sentimentos e ações com alguma verdade (a quarta perna). Com algum distanciamento da experiência (tempo e espaço), peço que escrevam o que de fato é verdade sobre eles mesmos e a situação.

Esse jovem escreveu:

Sou bom em matemática, mas às vezes isso me deixa frustrado.

Tirei 9.8 na minha última prova de matemática.

Não sou burro, porque estou no grupo de leitura mais avançado.

Minha mãe está sempre disposta a ajudar se eu pedir.

Eu deveria fazer uma pausa para descansar a mente a cada trinta minutos.

Eu o interrompi após as primeiras cinco verdades. Poderíamos ter continuado por muito tempo.

Vi outro adolescente que foi excluído de um time durante os testes. Ele chegou em casa chorando, entrou pela porta, jogou a mochila na cozinha, gritou com a mãe quando lhe perguntaram sobre seu dia e chutou um pacote de entrega da Amazon na sala de jantar.

Eu o acompanhei nesse mesmo exercício e com certo distanciamento da situação. Essas foram as verdades que ele listou:

Eu não deveria dirigir quando estou emocionalmente sobrecarregado.

Ser excluído de uma equipe significa que minha escola está cheia de grandes atletas.

Já formei muitas equipes no passado.

Não sou definido por minha capacidade atlética, mas por ser filho de Deus.

Os homens geralmente vinculam sua identidade ao desempenho.

Eu também o interrompi depois de cinco verdades. É importante observar que esses dois meninos já estavam trabalhando com essa prática há algum tempo. Na verdade, estou convencido de que qualquer um deles poderia fazer a prática do banquinho de quatro pernas sem precisar escrevê-la a essa altura, mas eles se beneficiam ao ficar o mais familiarizados possível com a prática. Caso contrário, é fácil para os meninos pularem todas as pernas do banquinho.

Uma prática simples como essa permite que os meninos desenvolvam mais a percepção das conexões entre seus pensamentos, sentimentos e comportamentos. Ela os ajuda a se ancorarem na verdade, em vez de serem guiados pelo que pensam e sentem. É preciso praticar para desenvolver esse tipo de percepção e habilidade no combate a pensamentos intrusivos e emoções intensas.

Reconhecer. Regular. Reparar.

Como você já leu antes, e continuarei a abordar ao longo deste livro, essa é uma das práticas mais importantes que fazemos em prol dos meninos que amamos. Eu chamo de treinamento de peso para a vida.

Práticas intencionais

1. Banquinho de quatro pernas. Oriente os meninos nessa prática integrada. Os meninos mais jovens podem fazer desenhos ou relatar suas respostas para que sejam registradas em um caderno.
2. Técnicas de aterramento. Revisite o jogo das cores, o jogo da contagem e o 5-4-3-2-1 (trabalhando com os cinco sentidos) como uma forma de se ancorar ao presente quando a mente estiver correndo para medos passados e futuros.
3. Respiração em caixa. Faça com que ele pratique a respiração profunda, concentrando-se em inspirações longas e expirações lentas. Deixe-o praticar com um cronômetro ou monitor de frequência cardíaca que lhe permita ver como a frequência cardíaca diminui com as repetições.

4. Sinais e alertas. Peça que ele faça uma lista das maneiras pelas quais o corpo dele emite um sinal de estresse, ansiedade ou depressão. Quais são os indicadores das predisposições?

5. Procure ajuda. Em caso de dúvida, comece com uma consulta ao pediatra ou a um terapeuta. É melhor dar muito apoio do que pouco quando se trata da possibilidade de algo como ansiedade ou depressão.

CAPÍTULO 5

MÃES E PAIS

Conheci os encantadores pais de uma menina de quatro anos e de um menino de seis anos. Eles descreveram as duas crianças como tendo fortes emoções com fortes reações. A mãe relatou que se via nas duas crianças. Durante uma visita recente, sua própria mãe riu com ela em uma manhã sobre o ditado popular de que o fruto não cai longe da árvore. Ela estava relembrando vários momentos com seu próprio filho enquanto observava os netos percorrerem suas jornadas emocionais.

O pai cresceu como filho único e ficou intrigado com a rivalidade entre os irmãos. Ele admitiu abertamente e honestamente que estava lutando com a regulação e que facilmente tinha gatilhos devido aos seus conflitos e crises.

Conversamos sobre o ambiente espaçoso e como seria testar essa prática com consistência. Ambos concordaram que isso poderia ser útil para toda a família. Falamos sobre o uso de uma tabela de sentimentos e várias outras práticas com base no nível de desenvolvimento de seus filhos. Eles voltaram para uma consulta de retorno três meses depois. Perguntei se tiveram a chance de experimentar o ambiente espaçoso, e eles disseram que sim. As crianças se apropriaram do ambiente e quiseram fazer um brainstorming de ideias e objetos para ele. A filha tinha um balde com materiais de arte e fazia desenhos de seus grandes sentimentos e os chamava de Annie Brava ou Susan Triste. O filho tinha um minitrampolim no ambiente e pulava enquanto contava e rodopiava para liberar a intensidade. Perguntei aos pais se eles estavam usando o ambiente com regularidade para mostrar seus benefícios.

O pai riu e disse: “Ela me manda para lá o tempo todo”. Sua esposa concordou com a cabeça. Ele continuou: “Depois de dez anos de casamento, ela me conhece como a palma de sua mão. Ela consegue perceber o tipo de dia que tive quando entro pela porta”. Geralmente, sua esposa dizia: “Crianças, o papai teve um dia estressante. Ele vai passar alguns minutos no ambiente espaçoso e depois virá para o jantar”.

Como ele ama e confia em sua esposa, ele estava permitindo que ela o enviasse para lá com regularidade, e isso o beneficiava muito.

Ele continuou contando sobre uma ocasião, duas semanas antes de nossa primeira consulta, em que ficou preso no trânsito depois do trabalho, chegou tarde em casa, correu para participar da última parte do jantar e se juntou à família. Seu filho agitado estava no meio de uma história sobre seu dia quando, acidentalmente, derrubou um copo de leite que se espalhou por toda a mesa. O pai ficou fora de si. Em lágrimas, ele me disse: “Tenho 100% de certeza de que envergonhei esse menino que amo. Por causa de um copo de leite derramado. Tudo porque nunca desenvolvi habilidades sobre como lidar com minha própria raiva”. Ele continuou dizendo que estava muito empolgado com o fato de seus filhos o verem fazendo essa atividade na frente deles. “Viemos aqui por causa das crianças, mas eu tenho tanto trabalho a fazer quanto qualquer outra pessoa”.

Adoro sua consciência. Respeito sua honestidade. Estamos crescendo juntos com nossos filhos. Eles não são os únicos que estão se desenvolvendo. Ser pai é um trabalho árduo que conduz a um bom crescimento.

Mães

Os pais são o alicerce da casa. Os relacionamentos seguros permitem que as crianças desenvolvam identidade, propósito e significado. É onde as crianças veem como é nomear e lidar com as emoções.

Ajudar os meninos a se desenvolverem emocionalmente e socialmente requer uma boa dose de trabalho por parte dos pais. Anteriormente, contei a história do bebê que seguia a mãe pela casa, fazendo birra toda vez que tinha uma plateia. Esse padrão de ancoragem é instintivo para os meninos. E continuará a ser a estratégia emocional e relacional, a menos que preparemos o terreno para algo diferente. Conheço inúmeros meninos adolescentes que seguem suas mães pela casa tentando negociar e discutir. Certa vez, um aluno da oitava série disse: "Vou vencê-la pela insistência". Ele entendeu que, se ficasse discutindo por tempo suficiente, ela acabaria se cansando das idas e vindas e cederia ao pedido dele. Esse padrão não é apenas perigoso para o relacionamento entre mãe e filho, mas pode treinar um menino a usar todos os relacionamentos com mulheres para diminuir seu desconforto.

Eu chamo isso de cabo de guerra emocional. Muitos meninos com poucos recursos recorrem a essa estratégia emocional e relacional. Ela os impede de ter que resolver os problemas para evitar as emoções e a circunstâncias difíceis. Os meninos que usam o cabo de guerra emocional precisam de pais habilidosos que aprendam a soltar a corda. Soltar a corda pode ser como dizer: "Eu o amo demais para discutir. Por enquanto, não temos mais conversa". Ou: "Eu lhe dei uma resposta, mas não uma que você goste. Vou para o meu quarto e deixarei que você trabalhe com as emoções da maneira que precisar". Ou: "Percebo que você está tendo dificuldades com a minha resposta. Estou aqui para apoiá-lo, mas não para ser seu saco de pancadas".

Seja qual for a resposta, vamos começar com a empatia e, em seguida, avançar para as perguntas ou os limites como forma de preparar o cenário para a desenvoltura. Lembre-se de que quando uma pessoa solta a corda, o jogo de cabo de guerra termina. Quer a outra parte goste ou não, você sempre pode optar por soltar a corda e ir embora. Esse processo pode ser feito com empatia e apoio, limites e força, amor e sabedoria.

Não precisamos jogar a corda no chão, mas soltá-la gentilmente com cuidado e compaixão. Quando não desenvolvemos essa habilidade, os meninos tentam nos manter brincando de cabo de guerra por períodos intermináveis como uma forma de evitar as emoções, resolver os problemas e avançar em direção às habilidades saudáveis de enfrentamento.

Pense nisso um pouco como um treino para dormir. Lembra-se de como era difícil embalá-lo, beijar sua cabeça, colocá-lo no berço e depois sair do quarto enquanto ele dormia? O motivo pelo qual os pais assumem a árdua tarefa de treinar o sono é para que ele não precise da presença de uma pessoa para acalmar o cérebro e o corpo na hora de dormir. Se a única maneira de ele se acalmar sozinho for embalando, amamentando ou no colo, ele nunca aprenderá as habilidades iniciais de se acalmar, uma referência de regulação.

Anos atrás, prestei consultoria a uma mãe que escolheu uma cama de casal, amamentava demais e relatou que nunca havia completado uma ligação telefônica "sem que o bebê me interrompesse com uma necessidade." Quando o menino completou oito anos, ele passou a tratá-la como um caixa eletrônico. Ele fazia saques 24 horas por dia, 7 dias por semana. Quando tinha algum tipo de necessidade, ele a acordava, gritava chamando-a, exigia que ela viesse imediatamente. Ela relatou que ser mãe dele era como ter um bebê de cinquenta quilos preso a ela o tempo todo. Ele tinha necessidades infinitas e nenhuma habilidade.

É fundamental interrompermos os padrões de ancoragem à medida que o menino cresce e se desenvolve. Queremos que ele se regule. Se ele não conseguir se acalmar durante o sono e a vigília, ou durante os momentos de medo ou frustração, ele estará mal preparado para enfrentar o desconforto da vida.

Culpa e vergonha

Como já discutimos, o outro ponto em que os meninos geralmente ficam presos em seus relacionamentos com as mães é a culpa. Diante de um fracasso ou decepção, os meninos tendem a apontar o dedo para os outros antes de apontar para si mesmos. Já ouvi milhares de exemplos ao longo dos anos, culpando mães, professores, treinadores, namoradas, irmãos, colegas de classe e amigos.

Quando os meninos não conseguem encontrar um objeto perdido, eles culpam as mães por não terem guardado no lugar certo, em vez de considerar que eles mesmos podem perdido.

Quando são reprovados em uma prova, culpam os professores por não terem ensinado da maneira correta, em vez de admitir que talvez não tenham estudado ou se preparado o suficiente.

Quando não conseguem o tempo de jogo que queriam, culpam os técnicos por não os prepararem, em vez de reconhecerem que talvez não tenham treinado o suficiente.

Quando são repreendidos por causa de uma briga entre irmãos, eles culpam o irmão em vez de assumirem a culpa.

A lista é infinita. Os meninos tendem a oscilar entre a culpa e a vergonha. Eles têm dificuldade em ter um equilíbrio.

A culpa se parece com um "A culpa é sua", ou "Ela me obrigou a fazer isso", ou "Ele não me ajudou", ou "Ela tem algo contra mim".

A vergonha se parece com "Sou um idiota", "Sou o pior membro desta família", "Eu deveria morrer" ou "Não mereço viver".

Nem a culpa nem a vergonha são saudáveis. Nenhuma delas é útil. Ambas nos impedem de assumir a responsabilidade de forma saudável e de assumir a culpa. A culpa envolve desvio e evasão. A vergonha envolve autodesprezo e sabotagem. Nenhuma delas o leva à restauração ou resolução.

O controle saudável geralmente começa com a movimentação do fluxo sanguíneo. Esse processo de regulação permite que ele pense racionalmente e gerencie suas emoções. Quando ele estiver mais tranquilo, considere a possibilidade de usar o diagrama acima para ajudá-lo a fazer conexões em seus ciclos. Alguns meninos só se movem em direção à culpa. Alguns vão instintivamente para a vergonha. Muitos meninos oscilam entre ambos. Pode ser útil pedir que ele escreva algumas das declarações de culpa e vergonha que você se lembra de ele ter feito durante a troca.

Dessa forma, ajude-o a fazer algumas declarações diferentes que o coloquem no ambiente do controle saudável. Declarações como "Não tirei a nota que queria. Não me preparei tão bem quanto devia". Ou: "Perdi a paciência com meu iPad, mas você me disse quanto tempo eu tinha antes de começar e me disse que faltavam apenas cinco minutos". Ou: "Detestei o resultado do jogo, mas não treinei muito tempo semana passada".

Frases que lhe permitam fazer conexões. Frases que o ancoram na verdade e no controle. Desenvolver-se nesse ambiente é um longo trabalho. Não é algo que um rapaz domine em um dia. Para muitos, são dois passos para frente e três para trás. Um avanço com certo atraso. Dependendo de quanto tempo ele ficou preso em um padrão de ancoragem, pode ser menos passos para frente e mais passos para trás. Tenha em mente o longo prazo. Lembre-se sempre e peça a outras pessoas que o lembrem da importância de romper o padrão de ancoragem e desenvolver habilidades para lidar com a situação.

Lembre-se dos benefícios de curto e longo prazo dessa jornada. No curto prazo, desenvolver-se nesse ambiente permite que você seja um defensor do bem-estar dele e não o suporte emocional por toda a vida. A longo prazo, você está o preparando para ter relacionamentos saudáveis com todas as outras mulheres, em vez de usá-las ou precisar delas para sobreviver.

Queremos que ele sinta satisfação nos relacionamentos, não na sobrevivência. Queremos que ele desfrute seus relacionamentos e contribua para eles. Ele não pode desfrutar bem quando depende deles para sobreviver. Seus relacionamentos devem contribuir para o bem-estar, mas não devem ser a fonte de sustentabilidade.

Ao apoiar o desenvolvimento de seu filho dessa forma, vamos analisar três objetivos no relacionamento entre mãe e filho. Acredito que esses objetivos foram bem impostos por Gina Bria, antropóloga e autora.

O trabalho de educar um filho consiste principalmente em se afastar no momento certo. Quero que meus filhos aprendam comigo que são livres para se enraizarem em casa e ainda estarem livres no mundo como homens.[1]

1. Estar seguro

As mães desempenham um papel importante na vida dos meninos. No início da jornada de um menino, sua mãe é como o centro do universo. Ela é como um planeta em torno do qual ele está orbitando o tempo todo. As mães são o lugar mais seguro do mundo. Acredito que os meninos geralmente creditam a maior parte de quem eles são a suas mães.

Infelizmente, a maior parte inclui o melhor e o pior. Por mais que eu deseje que seja apenas o melhor, são os dois. Com essa segurança, o objetivo de uma mãe é ser uma caixa de ressonância, não um saco de pancadas verbal. Os meninos geralmente confundem as coisas e precisam de uma boa dose de prática nessa área.

Acho que é importante que as mães digam coisas como: "Sinto muito que você esteja de mau humor, mas isso não significa que você pode descontar em mim". Ou: "Percebo que você está passando por um momento difícil. Do que você precisa?" Queremos sempre levar os meninos a serem criativos. Uma mãe pode estar tão ocupada em ser o único recurso do filho que não há espaço para que ele tenha desenvoltura.

Fazer perguntas como "Do que você precisa?" ou "Como posso ajudá-lo?" faz com que ele se torne mais criativo. Essas perguntas também comunicam que acreditamos em quem ele é e que sabemos que ele é capaz e competente. Solucionar os problemas por ele envia a mensagem oposta – que ele não é capaz ou competente o suficiente para superar uma situação difícil.

Lembre-se de que, assim como os meninos estão desenvolvendo as habilidades, eles são tão vulneráveis em gerar uma crise cheia de reféns quanto a brincar de cabo de guerra. Sei que a expressão "crise de cheia reféns" soa um pouco forte, mas acho que é necessária. Há vinte e cinco anos trabalhando nesta área, fico fascinado com os esforços que os meninos fazem para manter suas mães envolvidas em suas lutas. Quando o jogo da culpa não funciona, eles costumam recorrer à vergonha e ao desprezo por si mesmos na tentativa de mantê-las envolvidas. Eles parecem saber desde cedo que as mães não podem se afastar facilmente de frases como "Sou o pior garoto" ou "Ninguém me ama".

Anos atrás, trabalhei com uma mãe de um garoto de 15 anos incrivelmente inteligente. Ele era mestre em atrair a mãe para um cabo de guerra emocional quando se deparava com algum tipo de desconforto. Ele usava suas habilidades cognitivas avançadas nessa área, como fazem os meninos inteligentes. Sua mãe acabou percebendo que precisava ir para o quarto e fechar a porta para se separar das tentativas dele de manipulá-la e atraí-la. Ela o descreveu como "um medalhista de ouro olímpico em manipulação". Ele também era propenso a violar os limites. Ela dizia que estava indo para o seu quarto e fechava a porta para ter um lugar para refletir e respirar. Ele abria a porta e entrava sem permissão. Ela começou a trancar a porta e ele se encostava na porta trancada e dizia: "Que tipo de mãe não ouve o próprio filho?"

A ironia é que ela o ouviu discutir, negociar e manipular por mais horas do que qualquer outro pai ou mãe que conheci em meu ministério. Ela acabou percebendo que a escuta não tinha fim. E que a escuta não era para que ele fosse ouvido, mas para que ela mudasse de ideia e concordasse com ele.

Da mesma forma que um terrorista o fará cair em uma armadilha para atender às exigências dele, um rapaz a fará refém com o mesmo objetivo. Há uma clara diferença entre ouvir e apoiar e ser refém para atender às exigências. É fundamental aprender a diferença e evitar a segunda opção. Interromper o cabo de guerra e uma ter uma crise cheia de reféns são necessários para desenvolver um relacionamento saudável entre mãe e filho para meninos que têm pouca desenvoltura e muita manipulação. Ouvir a culpa e a vergonha para evitar cair em uma armadilha faz parte da proteção do relacionamento, além de ajudá-lo a desenvolver as habilidades necessárias.

Como discutimos em capítulos anteriores, muitas vezes os meninos não conseguem resolver bem os problemas até que tenham liberado parte da fisicalidade da emoção e movido o fluxo sanguíneo de volta para o córtex pré-frontal, onde podem pensar racionalmente novamente. Acompanhá-lo até o ambiente espaçoso, desafiá-lo a ir ou ir por conta própria é um convite à desenvoltura. Isso também faz com que mães e filhos saiam do cabo de guerra emocional.

2. Deixar ir

Estimulá-lo a ser criativo e ajudá-lo a desenvolver as habilidades também é o próximo objetivo das mães. À medida que se aproxima da adolescência e começa a se desvincular de forma saudável, o relacionamento começa a mudar. O relacionamento não para; ele simplesmente precisa evoluir. Os meninos começam a conversar menos e a se isolar mais. Em geral, eles são menos engajados e mais difíceis de se relacionar nessa fase do desenvolvimento.

Essa fase exige um pouco de criatividade. Minha experiência diz que o disvincular tende a ser mais desastroso do que simples. Principalmente quando se trata de primogênitos do sexo masculino. É a primeira vez de todo mundo — tanto dele quanto sua. Durante anos, você foi o centro do universo dele, e isso envolveu principalmente as órbitas em sua direção, e agora ele está se afastando. Acredito que é importante que as mães nomeiem essa transição e a abençoem. Isso acontece quando as mães conversam abertamente com os meninos sobre as mudanças que eles estão atravessando – física e emocionalmente – e como isso inevitavelmente muda as coisas no âmbito do relacionamento. É vital que os meninos ouçam as mães dizerem que, embora o relacionamento pareça diferente, isso não significa que eles ainda não possam estar próximos e unidos – eles estão apenas aprendendo a conversar e a se relacionar de maneiras diferentes. É bom que a mãe aprenda a conversar mais "lado a lado" do que "olho no olho" à medida que o filho entra na adolescência.

Faça caminhadas com o cachorro da família. Pegue a bola enquanto ele estiver jogando basquete e converse na quadra de basquete. Observe onde ele pode se abrir mais à noite, talvez ainda querendo que você entre e coce suas costas. As conversas no escuro do quarto podem parecer mais fáceis e naturais. Converse no carro e à mesa de jantar e use a comida como ferramenta principal para ele desabafar. O velho ditado de que o caminho para o coração de um homem é pelo estômago é verdadeiro.

Talvez você o veja querendo passar um pouco mais de tempo com o pai, os treinadores e mentores. Os meninos anseiam por ter a atenção e a validação masculina de maneiras únicas durante a adolescência. Competir ou impedir essa necessidade nunca é útil. Isso pode exigir um trabalho significativo se o divórcio tiver um capítulo na sua história ou se você tiver um relacionamento complicado e cheio de obstáculos com o pai de seu filho. Meu desafio seria fazer o trabalho necessário para permitir que seu filho obtenha e experimente o que ele precisa do relacionamento paternal.

Se houver elementos complicados sobre quem é o pai dele, seu filho precisará ligar esses pontos em seu próprio tempo. Ao longo dos anos, já estive com muitos meninos com mães que estavam preenchendo os espaços vazios para eles, em vez de esperar que eles fizessem essas conexões. Já vi tudo isso gerar ressentimento e até causar danos irreparáveis ao relacionamento entre mãe e filho. Alguns meninos fazem essas conexões mais cedo e outros se recusam a fazê-las até bem mais tarde. Esperar que isso aconteça pode ser muito difícil e até doloroso de observar.

Continue fazendo boas perguntas. Talvez ele precise que você seja uma caixa de ressonância nesse lugar. Confie em mim quando digo que ele não está pedindo que você fique do lado dele para falar mal do pai. Ele simplesmente precisa que você o ouça e deixe falar sobre o assunto. Em caso de dúvida, continue fazendo as perguntas e, ao mesmo tempo, valide o trabalho árduo que ele está fazendo. Isso o convida a ser mais criativo e o beneficia muito em seus relacionamentos futuros.

Se o seu filho não tiver acesso ao pai devido a algum tipo de perda, sua tarefa será orar e inserir vozes masculinas de confiança. Pode ser o avô, o tio, o mentor ou o pai de um amigo próximo. Ele precisará do seu apoio e da sua bênção para unir essa ponte entre a força do seu relacionamento com ele e a necessidade que ele tem de uma conexão masculina. É bom para ele ouvir você falar que não sabe tudo o que ele vai precisar e encontrar em sua jornada da infância para a masculinidade, e ter acesso a uma voz masculina de confiança para obter informações — um lugar para fazer perguntas e um contexto para ter um vínculo é vital para o crescimento e o desenvolvimento.

3. Manter-se estável

Isso nos leva ao terceiro objetivo. Manter-se firme durante as birras dos bebês e às crises dos adolescentes pode ser um dos maiores desafios que uma mãe enfrenta. Mais uma vez, gostaria de enfatizar que permanecer firme não significa que você se torne um saco de pancadas e tolere o desrespeito do seu filho. Significa simplesmente que você oferece um equilíbrio de força e amor.

Manter-se firme significa que você pode ser impactado pelas palavras e emoções dele, mas elas não dizem quem você é. Manter-se firme nos permite priorizar o bem-estar dos filhos em vez da felicidade.

Há muito tempo acredito que permanecer firme é o que nos permite suportar as picadas nos dedos e as injeções no consultório do pediatra, as limpezas bucais no dentista, o período de provas nas escolas, os cochilos, a hora de dormir, os limites de tela e cozinhar legumes. Fazemos todas essas coisas, apesar de muita resistência, porque sabemos que elas estão ligadas ao bem maior de nossos filhos.

Manter-se estável não significa que vivemos sem emoções. Muito pelo contrário. Você já me ouviu dizer várias vezes que falar sobre seus sentimentos e experiências é muito benéfico para os filhos. Há uma diferença entre nomear seus sentimentos e torná-lo responsável por eles. Os meninos nunca devem sentir que mandam em você. Eles precisam de que os pais sejam as pessoas com mais autoridade no lar. Isso não significa que não nos machucamos, que não choramos ou que não expressamos nossas emoções. Isso comunica que ele não pode ter uma crise que faça com que você abandone o bem-estar dele e se renda à sua felicidade momentânea.

Estou trabalhando com a mãe de um garoto de dezesseis anos que é verbalmente bem agressivo quando está emocionalmente sobrecarregado e pode ser incrivelmente agressivo e violento para que façam o que ele quer. Sua sábia mãe não está interessada em treiná-lo para se tornar um manipulador ou um agressor como forma de ter suas necessidades supridas. Ela o lembra sempre de que está o educando com o objetivo de ter um ótimo relacionamento com sua futura nora.

Eu amo essa atitude. Ela está educando os filhos com uma visão de longo prazo e projetando uma visão direcionando-os aonde está indo. Ela percebe que treiná-lo para ser um manipulador fará com que seu próximo relacionamento seja como um trem descarrilhado e provavelmente deixará sua futura nora perguntando: "Quem criou esse cara?"

Nesse sentido, as mães desempenham um papel fundamental para ajudar os meninos a aprenderem como se relacionar com o sexo oposto. Como uma mulher se sente respeitada, estimada e honrada. Na medida em que a mãe prioriza a segurança, o desprendimento e a firmeza, o filho pode desenvolver uma compreensão mais saudável dos limites e do relacionamento. Os meninos que usam suas mães como sacos de pancadas verbais geralmente se tornam homens que transferem essa estratégia de relacionamento para a próxima mulher em seus relacionamentos.

Pais

Os pais também ensinam muito aos meninos sobre o relacionamento com o sexo oposto. Se um menino puder se sentar na primeira fila para assistir a um pai e uma mãe lidando com conflitos de forma saudável e construtiva, ele estabelece uma base para como o relacionamento funciona. Ele começa a aprender que o casamento é confuso e mágico. Um relacionamento que envolve duas pessoas completamente diferentes construindo uma vida juntas – trabalhando com as diferenças, aprendendo a concordar em discordar, respeitando as perspectivas, perdoando e crescendo, e aprendendo a se tornar uma só carne. É mágico quando isso acontece. É preciso muito sacrifício e amor. Pouquíssimos rapazes têm a chance de observar essa realidade. Não apenas porque as estatísticas de casamentos que terminam em divórcio são muito altas, mas também porque poucos casais dão aos meninos uma visão instantânea desse tipo de casamento. É por isso que, ao longo dos anos, desafiei centenas de pais a voltarem sua atenção primeiramente para o casamento antes de se aprofundarem nas práticas parentais.

Os meninos também precisam de partes iguais de força e amor de seus pais. É fácil cair no papel de polícia e bandido com nossos filhos.

Eles não precisam de um pai que seja disciplinador e outro que seja apenas divertido. Eles precisam de conexão e consequências de ambos os pais. Desafio os pais casados e divorciados a avaliarem periodicamente como estão se saindo em relação ao equilíbrio entre força e amor, conexão e consequências. Os pais podem fazer isso juntos, mas, dependendo do relacionamento, podem se beneficiar da inclusão de uma terceira pessoa neutra. Avalie onde você pode oferecer mais unidade e consistência. Avalie onde talvez seja necessário passar o bastão com mais frequência para permitir que o outro pai ofereça mais ajuda em uma área que esteja faltando.

Assim como desafiei as mães a permitir que os meninos façam conexões em seu próprio tempo com relação a um relacionamento complicado, desafio os pais da mesma forma. Nenhum menino está interessado em ouvir o pai falar negativamente sobre a mãe. Se ele estiver expressando frustrações sobre a mãe, você pode ser uma caixa de ressonância, mas sempre lembrando-o de duas coisas:

1. O quanto sua mãe o ama. (Mesmo que ela seja impedida em momentos que tornam o relacionamento complicado).

2. Como é importante expressar essas frustrações (de forma respeitosa) e resolver o problema para chegar a algo diferente.

A importância do relacionamento com a mãe é honrada quando direcionamos nossos filhos. A pesquisa mostra constantemente que ter um relacionamento saudável com ambos os pais torna o menino mais saudável. Agir como se ele simplesmente não precisasse de um dos relacionamentos nunca será a melhor opção. Anos atrás, eu estava trabalhando com um menino de 12 anos cujos pais passaram por um divórcio altamente conflituoso. A infidelidade e o vício eram apenas alguns dos ingredientes envolvidos.

Quando o pai ficou sóbrio e tentou fazer as pazes com a ex-esposa, ela não permitiu e resistiu a qualquer conversa. Ela comunicou ao filho que, independentemente do que o pai dissesse, sempre seria seguido de promessas falsas em algum momento. Ela não estava disposta a lhe dar espaço para mudar ou ser diferente com base em anos de mágoa e confiança traída.

Toda vez que o menino pedia mais tempo com o pai, a mãe tinha fortes reações e citava uma lista de motivos pelos quais ele estava se preparando para ter uma decepção. Um dia, o filho teve coragem de dizer: "Falamos muito sobre perdão em casa e na igreja, mas você não perdoa a pessoa mais importante da minha vida. E não é só isso, você não permite que eu tenha meu próprio relacionamento com meu pai. Toda vez que você me diz para não ir à casa dele, fico com mais vontade de passar mais tempo com ele e menos com você".

Suas palavras foram sóbrias e verdadeiras. Elas falam sobre o desejo de um menino de ter acesso total a ambos os pais. Avalie onde você poderia fazer ajustes em sua educação para preparar melhor o caminho para o acesso completo. Preste atenção em como você pode estar fazendo conexões para ele onde ele precisa fazer isso por conta própria e em seu próprio tempo.

Validação

Os meninos, assim como os homens, podem enraizar sua identidade no desempenho. Veja como começamos as conversas com a frase "Qual sua profissão?". Como se a vocação fosse a qualidade mais importante de uma alguém. Fazemos uma pergunta semelhante com os meninos "Quais esportes você pratica?" Essas perguntas não são ruins – só queremos prestar atenção se estamos liderando com elas.

Durante anos, desafiei os pais a levarem os meninos para tomar sorvete tanto depois de uma derrota quanto depois de uma vitória. Essa é uma maneira de comunicar com veemência que

1. A perda faz parte da experiência de cada pessoa,
2. Não somos definidos por nosso desempenho, e
3. A conexão e o prazer acontecem por causa de quem eles são, não do que fazem.

Comemorar após uma derrota transmite claramente aos meninos que nosso prazer não está no desempenho deles, mas sim em vê-los fazer algo que amam. Evite a tendência de usar esse momento para refletir sobre o que eles fizeram de errado ou o que poderiam ter feito melhor. Faça perguntas como

1. Quem o apoiou hoje e como? (técnico, colega de equipe, espectador)
2. Qual foi a contribuição que você fez e que foi significativa? (dentro ou fora do campo)
3. Por quem você veio hoje e como?

Essas perguntas permitem que os meninos se tornem reflexivos e tenham uma mente mais psicológica, fazem com que lembrem da importância da experiência e os ancoram no chamado definitivo que todos nós temos na vida: conhecer Deus e cuidar de seu povo. Isso conecta o menino desde cedo com o que dará significado e propósito em qualquer contexto em que ele esteja atuando.

Conexão

Essas perguntas podem ir além da quadra e do campo, e podemos convidar os meninos a considerarem seus relacionamentos, como estão investindo neles e como eles se sentem em saber que alguém investe neles.

Os meninos se beneficiam ao ouvir os pais falarem sobre suas amizades e sobre os relacionamentos e experiências que mais os moldaram. Costumo pedir aos meninos que citem os três amigos mais próximos de sua mãe. Em seguida, faço a mesma pergunta sobre o pai deles. Quase todos os meninos que conheço conseguem responder facilmente à primeira pergunta, mas têm de pensar muito na segunda. Os homens não tendem a priorizar e investir em relacionamentos da mesma forma.

Os meninos se beneficiam muito quando ouvem seus pais falarem sobre responsabilidade, diálogo honesto e a dádiva de andar em relacionamento com outros homens. Muitos homens vivenciam melhor o relacionamento em torno de interesses ou atividades compartilhadas – golfe, caça, pesca, estudo da Bíblia, música ou viagens. Não deixe de falar abertamente sobre essas atividades e experiências e como o tempo serve para você.

Emoção

Os meninos precisam ouvir os homens falarem sobre fracassos e decepções, esperanças e sonhos. Eles precisam conhecer os homens com quem você conversa francamente quando seu coração está partido ou quando sente medo ou incerteza.

Eles precisam sentar-se à mesa de jantar e ouvir os pais falarem sobre seu dia – os altos e baixos, as vitórias e derrotas e as emoções por trás dos relatos. Os meninos precisam ver que as emoções estão presentes na vida de um homem. Preste muita atenção para não dar um final heroico à história. Muitas vezes, contamos histórias que envolvem algum tipo de luta, mas que terminam em vitória. Isso simplesmente não é a vida real e faz com que o filho acredite que está fazendo algo errado quando se depara com os momentos difíceis da vida que não oferecem uma solução imediata (ou nenhuma).

Os meninos precisam ouvir os homens falarem sobre se sentir incompetentes. Este mundo está repleto de histórias e mensagens que comunicam a necessidade de viver a vida sem medo ou incerteza. Muitas vezes, a masculinidade é definida em torno da competência, da certeza e da vitória. Então, quando os meninos se deparam com a experiência cotidiana da confusão, do medo e da perda, eles se sentem menos masculinos e como se sua estrutura estivesse de alguma forma defeituosa.

Estou trabalhando com um menino que perdeu a avó recentemente. Ela foi um dos adultos mais importantes de sua vida. Certa vez, ela trouxe o neto para a consulta, e eu a cumprimentei comentando que tinha sido um prazer conhecer e passar um tempo com esse jovem extraordinário.

Ela agarrou meu braço depois de apertarmos as mãos e o segurou com força por um momento. Ela me olhou nos olhos e disse: "Eu amo esse garoto com todo o meu ser. Ele me deu tanto prazer ao longo de sua vida". Seus olhos se encheram de lágrimas, como acontece quando falamos de crianças que amamos. Acho que, de alguma forma, ela percebeu que eu estava ali realmente por ele, outro adulto comprometido com o crescimento dele em tudo o que Deus o criou para ser.

Esse jovem passou inúmeras horas com sua avó nos últimos meses e semanas. Muitas horas também foram passadas com seus pais na mesma sala. Eles contavam histórias e falavam palavras de vida um para o outro.

Quando foi necessário entrar com os cuidados paliativos, o pai inclinou-se na cama de hospital ao lado dela, abraçou-a e chorou copiosamente com a ideia de não estar mais ao lado da mulher que tinha lhe dado a luz.

Seu filho estava observando cada conversa e interação. Esse pai não tinha consciência disso na época porque estava sofrendo e simplesmente vivendo um dia de cada vez.

Meses depois, após sentar-me com seu filho durante seu próprio luto, fiz o pai se lembrar do que ele havia oferecido ao filho ao estar ao lado dele nessa perda de maneira tão autêntica. Lembrei-o de que poucos meninos têm a oportunidade de ver o pai como um modelo de luto saudável. A perda é inevitável para cada um de nós. Nenhum de nós pode ou vai escapar dela.

A partir dessa realidade, devemos preparar as crianças que amamos para lidar com a perda. Não para negá-la ou evitá-la, mas para enfrentá-la. Esse pai ofereceu todos os ingredientes que mencionamos nessa seção. Ele validou o papel que sua mãe desempenhou em sua vida, priorizou a conexão para si mesmo e para sua família e permitiu que seu filho visse que as emoções fazem parte da vida de um homem. Sou grato por esse menino ter visto tudo isso acontecer em tempo real.

Ele também estava bem ciente de como sua mãe e seu pai se apoiaram um no outro durante a perda, como seu pai tinha amigos e como a comunidade da igreja sempre os ajudou durante a perda. Era o corpo de Cristo sendo quem o corpo de Cristo deveria ser, e esse jovem testemunhou tudo isso.

Às vezes, nossos filhos se sentam na primeira fila para ver o pior que a vida tem a oferecer e, às vezes, o melhor. De vez em quando, até mesmo os pais mais conscientes podem estragar tudo. Desde que paremos no terceiro R, o do reparo, quando falhamos com nossos filhos, temos a oportunidade de servir de modelo para algo tão saudável e necessário.

Já conversei com inúmeros pais que confessaram seus piores momentos como pais. Momentos em que perderam a calma e reagiram de forma ruim. Recentemente, um pai que eu amo sentou-se em meu escritório e confessou que havia perdido a calma quando sua esposa havia preparado uma bela refeição a partir de uma nova receita e, na terceira vez que ele chamou o filho para o jantar, ele subiu as escadas e o encontrou ainda jogando vídeo game. Ele arrancou o plugue da parede e gritou: "Hoje à noite, quando você for para a cama, vou colocar fogo no seu Xbox!"

Rimos juntos, pois suas palavras eram ridículas naquele momento, mas depois eu lhe assegurei que ele não era o único pai no mundo que queria atear fogo em um videogame. Acontece com qualquer um, não é mesmo?

Esse mesmo pai teve algumas das conversas mais ponderadas e estratégicas com seu filho sobre seu corpo em crescimento e sobre mudança. Ele leu livros com ele, levou-o para um acampamento que ele transformou em um rito de passagem e teve centenas de outras trocas significativas. Ele está simplesmente vivendo toda a realidade – ele tem sido o melhor e o pior pai.

A esperança para todos nós, como mães e pais, é fazer o trabalho necessário, viver incondicionalmente e permitir que nossos filhos vivenciem tudo ao máximo. Em última análise, estamos sempre apontando para um Pai que nunca os deixará na mão. O único que pode lhes dar vida, esperança, alegria e paz. Uma paz que excede todo o entendimento. Uma paz que nunca fará sentido para o mundo. Uma paz que vai além das nossas circunstâncias atuais para o eterno.

Esse é o maior chamado da nossa vida como mães e pais. Sempre foi e sempre será

Práticas intencionais

1. Faça boas perguntas. As perguntas ativam a solução de problemas e a desenvoltura. Elas também comunicam que acreditamos que os meninos são competentes e capazes. Além disso, elas convidam os meninos a articularem suas experiências de forma mais completa.

2. Declarações simples. Desenvolva algumas frases de ajuda para os momentos em que ele estiver mais propenso a se ancorar ou se culpar – frases como: "Eu o amo demais para discutir" ou "Sinto muito que você esteja de mau humor, mas isso não significa que você pode descontar em mim". Essas mensagens o mantêm fora da armadilha do cabo de guerra emocional e preparam o terreno para a desenvoltura.

3. Diagrama da culpa e vergonha. Use o diagrama de culpa e vergonha depois que ele tiver feito algum exercício de regulação para desenvolver a um pensamento racional e tiver feito algumas conexões necessárias. Ajude-o a preencher algumas declarações em ambos os lados para desenvolver algumas declarações de propriedade.

4. Perguntas sobre apoio e contribuição. Faça perguntas sobre onde ele recebeu e deu apoio, como uma forma impeli-lo e conectá-lo ao propósito.

5. Dê nomes aos fracassos. Aumente o volume ao mencionar os momentos em que vocês, como pais, vivenciaram o fracasso ou a decepção. Falar constantemente sobre essas experiências vai normalizar o fracasso como parte da vida, além de ajudá-lo a evitar a armadilha de construir uma identidade em torno da competência, da vitória e do sucesso.

CAPÍTULO 6
AMIGOS E ALIADOS

Há muito tempo eu fui um corredor de longa distância. Atualmente, ninguém me confundiria com isso. Depois de muitas maratonas, consegui fazer muitos quilômetros com meus pés e joelhos, e uma caminhada rápida pela vizinhança é minha "corrida" atual.

Apesar de minhas limitações, amei cada minuto em que assisti a meus filhos correrem o cross-country (corrida com obstáculos naturais como subidas, pedras e morros) e a pista de atletismo durante seus estudos no ensino médio. Eles estabeleceram recordes pessoais, tornaram-se campeões estaduais e, o mais importante, descobriram que os corredores são uma comunidade rica de pessoas.

No caminho, um de meus filhos me contou sobre Eliud Kipchoge, que foi descrito como o maior maratonista da era moderna. Ele é um medalhista olímpico que quebrou o recorde mundial de maratona em menos de duas horas. Ele foi criado por uma mãe solteira no Quênia e corria três quilômetros até a escola todos os dias.

Ao quebrar recordes ao longo de sua carreira de corredor, ele desenvolveu uma prática com a qual acredito que todos nós poderíamos aprender, quer sejamos corredores ou não. Sua prática é tanto uma habilidade de vida quanto uma habilidade de corrida de longa distância. Kipchoge formou uma equipe de marcadores. Esses indivíduos corriam na frente, atrás e ao lado dele para ajudá-lo a manter um ritmo sustentável para qualquer distância que ele quisesse completar. Eles o ajudavam a não sair muito rápido nos primeiros quilômetros de uma corrida ou a desacelerar no meio do caminho para um ritmo que afetaria o tempo de chegada desejado. Eles o ajudavam a manter um ritmo saudável, cercando-o.

Eu o convido a acessar a Internet e assistir aos vídeos de seus inúmeros recordes de chegada, porém o mais importante é vê-lo correr com os marcadores. Uma das partes mais fascinantes ocorre perto da chegada, quando os marcadores começam a se afastar, recuar e correr atrás dele para que ele alcance a chegada. Essa é uma das imagens mais poderosas de como a corrida da vida pode ser para um indivíduo: estar cercado pelas mesmas pessoas que o ajudam nos momentos mais difíceis da vida e depois comemorar sua vitória ao completar a corrida.

Eu o encorajo a assistir esse vídeo com seus filhos e permitir que as imagens preparem o terreno para uma ótima conversa. Fale sobre...

1. Quem são seus "marcadores" – os amigos que ficam com você nos momentos difíceis e comemoram com você as vitórias?

2. Para quem você é um marcador nas amizades? Para quem você está dando seu apoio e torcendo nesta fase da vida?

3. Como é para você confiar e comemorar com seus amigos? Quando foi a última vez que você teve essa oportunidade? Você se sentiu feliz por seu amigo? Sentiu inveja em seu íntimo? Sentiu um pouco dos dois ao mesmo tempo? O que você fez com esses sentimentos?

4. Quando foi a última vez que você decidiu agradecer aos seus marcadores – pessoalmente, por mensagem de texto ou WhatsApp, ou escrevendo um bilhete para eles?

5. Neste momento, existe alguém em sua vida que precisa de um marcador?

Essas perguntas podem ajudar seu filho (ou filha) a começar a pensar mais nessa questão. É importante trazer à tona a terceira pergunta com crianças e adolescentes. Não é incomum sentir emoções conflitantes ao comemorar a vitória de um amigo. Às vezes, as crianças têm dificuldade em saber o que fazer com a inveja nesses momentos. Algumas crianças se sentem mal consigo mesmas por sentirem algum grau de inveja. Às vezes, as crianças não sabem o que fazer com essas emoções conflitantes, e elas podem bloquear sua capacidade de se expressar da maneira que esperam. Desenvolver essa ideia de sentimentos conflitantes permite dar mais espaço para o desenvolvimento emocional saudável, além de dar mais oportunidade para estar presente pelos outros.

> Riam quando seus amigos estiverem alegres; chorem com eles quando estiverem tristes.
>
> — Romanos 12:15-16 *A Mensagem*

Essas perguntas também permitem que os meninos reflitam sobre o que significa aplicar a sabedoria dessa passagem de forma prática com seus amigos.

Eu o convidaria a falar sobre os marcadores em sua vida. Fale abertamente sobre os amigos que o acompanham e o motivam quando você está passando por dificuldades. Fale como geralmente Deus coloca diferentes marcadores em diferentes fases da vida. Algumas dessas pessoas permanecem por décadas e continuam em nossas vidas até hoje. Alguns desses marcadores permanecem apenas por um tempo. Tive cinco marcadores no ensino médio, alguns na faculdade e alguns na idade adulta que foram padrinhos do meu casamento. Algumas dessas pessoas ainda estão comigo nessa corrida até hoje. Algumas dessas pessoas são amigos que amo profundamente, mas que não os vejo nem me relaciono com eles regularmente.

Espectadores e aliados

Ao trabalharmos com essa analogia, também podemos convidar nossos filhos a prestar atenção nas ruas repletas de pessoas torcendo por Eliud Kipchoge. Lembre-os de que sempre haverá pessoas que torcem por nós do lado de fora. Elas não são os marcadores que correm conosco, mas desempenham um papel importante na nossa vida.

Trabalho com uma grande equipe de pessoas em meu consultório. Tenho amizades próximas e íntimas com algumas dessas pessoas. Com algumas delas, não tenho a oportunidade de compartilhar a vida exatamente da mesma forma. Não é que eu não os ache interessantes ou agradáveis, porque eu os acho. Sou grato por compartilhar nossa vida profissional e o compromisso com uma missão e um propósito alinhados. Eles comemoraram o lançamento de livros, fizemos parcerias em eventos de arrecadação de fundos e conversamos em reuniões de equipe. Eles torceram por mim e espero que eu tenha feito o mesmo por eles. Comemoramos casamentos e nascimentos, mas também lamentamos perdas.

O mesmo acontece com meus vizinhos. Tenho alguns com quem compartilho cafés da manhã e refeições regularmente. Outros eu só vejo na festa anual do bairro que organizamos em nossa rua. Há vários graus de relacionamento e envolvimento. É bom que nossos filhos entendam que essa é uma parte normal da vida relacional de uma pessoa. Nem todo mundo é um marcador e nem todo mundo é um espectador.

Dentro dessa categoria, é importante falar sobre os tipos de relacionamentos que temos virtualmente. É possível que os meninos tenham um grau de conexão por meio de jogos online e da mídia social. Conheço adultos que compartilham relacionamentos com pessoas que nunca conheceram pessoalmente. Eu, pessoalmente, não acredito que seja possível ser um marcador para alguém que você nunca conheceu pessoalmente. Sei que outras pessoas têm opiniões diferentes sobre isso. Não tem problema. Não estou procurando concordância, apenas uma oportunidade de ajudar os rapazes a entenderem que há algumas diferenças entre os relacionamentos virtuais e os presenciais.

Assim como conversamos com as crianças sobre como a mídia social tende a ser um resumo da vida de uma pessoa, os relacionamentos online tendem a ser mais unidimensionais. É um pouco como o que minha esposa e eu vivenciamos quando namoramos à distância depois da faculdade. Eu viajava para onde ela morava nos fins de semana prolongados e fazíamos piqueniques nas montanhas e encontros românticos que incluíam horas de conversa e longas caminhadas. Deixávamos os fins de semana desejando mais tempo e passávamos as semanas ansiando pelo próximo encontro.

Vinte e cinco anos depois de casados, olhamos para trás e rimos de como nós dois éramos a naquela época. Mal nos conhecíamos e podíamos facilmente apresentar nossa "melhor versão" quando nos víamos tão pouco e tínhamos uma história limitada.

Depois dessa temporada, minha esposa se mudou para Nashville, onde eu estava morando, para aceitar um emprego. O fim de semana começou com uma mudança exaustiva, sono limitado, faxina e idas ao supermercado – as coisas cotidianas da vida. Trocamos as longas caminhadas e piqueniques nas montanhas por coisas mais mundanas. Não é que não tivéssemos encontros românticos e longas conversas, mas simplesmente nos envolvemos em uma vida mais normal e passamos a nos conhecer em um nível diferente. Ou seja, eu me tornei muito menos interessante e muito mais comum.

Você sabe que realmente ama alguém quando consegue comer pizza fria no piso de madeira de um apartamento vazio, cercado de caixas. Você encontra seus marcadores quando chega a hora de montar um ventilador de teto ou uma estante da Ikea. Encontramos nossos marcadores quando terminamos uma semana difícil no trabalho ou quando recebemos a notícia de um pai com câncer.

É difícil vivenciar todo o relacionamento online quando não se pode viver o cotidiano. Não é que os relacionamentos não sejam autênticos ou reais – as interações são simplesmente limitadas. Eu diria que o relacionamento também é limitado. Acredito que é mais fácil ser um espectador do que um marcador. Os marcadores que correm ao lado de Eliud Kipchoge podem ouvi-lo respirar. Eles estão próximos o suficiente para saber quando ele está ficando para trás e quando precisa de mais apoio. Esses aspectos são mais difíceis de identificar à distância. As pessoas que torcem na beira da estrada não conseguem identificar esses desafios da mesma forma. Isso não quer dizer que eles não possam observar quando Eliud está com dificuldades ou fora do ritmo, mas eles não entendem isso da mesma forma que as pessoas que correm perto dele.

Como eles não conhecem a história, não sabem como ajudá-lo a encontrar seu ritmo. Eles certamente podem gritar seu nome mais alto ou bater palmas quando ele passa, mas não podem oferecer o mesmo tipo de apoio que os que estão correndo ao redor dele. Por causa da história. Por causa da proximidade. Por causa do relacionamento.

Eles são aliados. Eles assumiram um compromisso com esse homem e com eles mesmos. Não se corre milhares de quilômetros de treinamento para uma corrida sem sacrifício e compromisso. Sem dúvida, essas pessoas optaram por acordar antes do nascer do sol. Eles correram nas piores condições climáticas e em dias em que simplesmente não tinham sequer vontade de calçar os tênis de corrida. Sacrificaram seu próprio conforto e envolvimento em prol de algo além deles mesmos.

Eles também concordaram em ficar atrás desse homem quando a corrida estivesse perto da linha de chegada. Quando ele cruzar a linha de chegada, os aplausos e a cobertura da mídia serão destinados a apenas uma pessoa, não a muitas. Isso não quer dizer que não haverá apreciação e reconhecimento somente para Kipchoge, mas quem vence a corrida é apenas um. A vitória pode ser compartilhada, mas a medalha é coloca somente em um campeão.

Ser um aliado significa que você se sente confortável com esse trato. Um aliado está de acordo com a lealdade e o compromisso. Um aliado está familiarizado com o sacrifício e a luta. Um aliado está ancorado no significado e no propósito.

Os discípulos

Pode ser difícil para os meninos terem uma ideia exata do que é estar em um relacionamento íntimo e próximo com os amigos. Existem várias barreiras que os impedem de vivenciar uma conexão profunda e comunhão. Já discutimos como a competição pode ser uma barreira. Os meninos podem estar mais inclinados a ser contra do que a ser a favor. Em segundo lugar, os meninos são socializados para serem autossuficientes; ou seja, ter necessidades e precisar de ajuda é mais um sinal de fraqueza do que de força. Em terceiro lugar, a dificuldade de articular suas experiências cria uma introversão em vez de uma extroversão.

SER CONTRA + SER AUTOSSUFICIENTE - EXTROVERSÃO = SOZINHO

Os homens são mais vulneráveis a sofrer em silêncio. Não é nenhum mistério o fato de meninos, adolescentes do sexo masculino e homens liderarem as estatísticas de suicídio. Se você adicionar à equação acima ao comportamento de risco, ela faz todo o sentido. A menos que seja redefinida a força da emoção e a força da conexão, o resultado permanecerá o mesmo.

Falo com frequência sobre ensinar aos meninos o que significa viver no mundo e não fazer parte dele. Viver no Reino é viver de cabeça para baixo.

> Os últimos serão os primeiros.
>
> O viver é Cristo, e o morrer é lucro.
>
> Quem quiser ser o maior no reino de Deus, seja como quem serve.
>
> Gloriar-se nas fraquezas.
>
> Bem-aventurados seremos quando formos perseguidos.
>
> Bem-aventurados os pobres em espírito, pois deles é o Reino dos céus.

Nada disso faz sentido no mundo em que vivemos. Tudo isso só faz sentido nos planos de Deus. Os meninos precisam ver como é viver essas realidades em um mundo que valoriza o sucesso, a independência e a competência.

Recentemente, passei um tempo com um grupo incrível de jovens adultos universitários. Eles são a equipe de um acampamento de verão só para meninos. Passei um dia conversando sobre desenvolvimento emocional e social e sobre a melhor forma de apoiar os meninos sob seus cuidados. Discutimos a ideia de ajudar os meninos a entender o significado de viver o Reino de Deus e seus valores. Desafiei-os a falar abertamente com os meninos sobre suas próprias experiências de medo e incompetência. Que mencionassem os momentos de suas da vida em que se sentiram com medo, confusos ou sozinhos. Desafiei a falar abertamente sobre suas amizades e maneiras práticas de experimentar a intimidade e a conexão em seus relacionamentos. Eu os instiguei a dar um exemplo de cada um uns para os outros.

Falamos sobre permitir que os meninos os vejam se relacionando de uma forma que não envolva sarcasmo, dominância e conversas superficiais. Discutimos como os meninos precisam desesperadamente ver isso nos homens adultos. Falamos sobre a mecânica do relacionamento e como os meninos precisam ver as maneiras práticas pelas quais um homem pode demonstrar apoio e empatia. Os meninos têm uma compreensão muito clara da competição e do confronto em uma conversa. Eles não tendem a ter clareza sobre outras formas de relacionamento.

Conversamos sobre a frequência com que um menino compartilha a notícia de uma vitória: "Marquei o gol da vitória no meu último jogo de futebol." Raramente essa declaração será recebida com um "Parabéns" ou "Cara, isso é incrível". Uma resposta mais provável seria "E daí? Eu marquei três gols no meu último jogo". Há uma resposta instintiva para sobrejulgar uns aos outros mais do que apoiar.

Esses padrões relacionais podem se manifestar em momentos em que o apoio é necessário. Já presenciei meninos compartilhando corajosamente sobre o divórcio de seus pais ou a perda de um avô e os colegas tinham dificuldades de demonstrar empatia ou apoio. Não porque eles não se importem genuinamente e não queiram ser compreensivos, mas simplesmente porque não têm muita prática, experiência ou modelo nesse sentido. É como se lhes pedissem para tocar um instrumento que mal tocaram.

As crianças aprendem mais com a observação do que com a informação. Quando elas podem observar isso nos adultos ao seu redor, o jogo muda. Elas passam a ter um contexto e uma categoria para a empatia. As habilidades se tornam mais familiares e mais fáceis de serem executadas.

Considere o contexto

Pense por um momento em todos os lugares onde seu filho passa a maior parte do tempo. Da sala de aula ao beco sem saída, das brincadeiras aos campos de futebol, do grupo de jovens ao YMCA, dos escoteiros ao voluntariado. Como você descreveria a cultura dentro desses espaços? Ela é mais uma cultura de bondade ou crueldade? É mais um contexto de competição ou de colaboração? Qual é o objetivo principal do tempo? Como você descreveria os adultos responsáveis? Como eles motivam e desafiam as crianças?

Assim como num espaço de trabalho ou ambiente doméstico, a cultura é tudo. Quais são os valores? Qual é a missão?

Em meu trabalho, vi famílias fazerem sacrifícios extraordinários para os contextos de crescimento. Conheço famílias que reduziram o tamanho da casa para um espaço significativamente menor e venderam um veículo para se mudarem para um distrito escolar melhor. Conheci famílias que sacrificaram oportunidades atléticas de longo prazo para deixar de lado esportes itinerantes para se dedicar a uma liga recreativa que valorizava mais o desenvolvimento do caráter do que as vitórias. Conheci pais que se tornaram treinadores voluntários, presidentes de associações de pais e mestres e líderes de grupos de jovens com o objetivo de inserir algo significativo e necessário em um contexto em que seus filhos passavam o tempo.

Conheci famílias que tiraram seus filhos de uma experiência extracurricular para se comprometerem com uma temporada de voluntariado em prol do crescimento. Conheci famílias que ficaram offline durante um verão e priorizaram a leitura, as atividades ao ar livre e o voluntariado. Muitas vezes, esses pais sacrificaram a paz em troca de resistência. Eles estavam escolhendo o caráter em vez da felicidade.

Muitas vezes, eles também estavam criando um contexto para o relacionamento. Se você for voluntário no abrigo de animais local ou construir uma casa da *Habitat for Humanity*, é bem provável que encontre outras pessoas que tenham a mesma visão e os mesmos valores. Inscrever-se no programa de leitura de verão da biblioteca local ou no grupo de escoteiros da igreja pode levá-lo a conhecer outras crianças e pais que pensam da mesma forma.

Costumo conversar com crianças e pais sobre como se colocar no caminho de relacionamentos saudáveis. Não estou presumindo que isso funcione 100% das vezes, mas acho que certamente pode abrir a porta para uma conexão significativa. É uma questão que vale a pena considerar. É uma decisão que vale a pena avaliar.

Anos atrás, eu estava trabalhando com um jovem de dezesseis anos que havia passado por uma série de relacionamentos que ele chamava de "sem saída". Ele chegou à conclusão, por conta própria, de que estava procurando em todos os lugares errados. Ele disse: "Tenho mais chances de conhecer uma ótima garota na *Young Life* do que em uma festa onde se usa com maconha". Eu lhe disse que ele tinha um bom argumento. Esse rapaz estava descobrindo sabiamente como se colocar no caminho de relacionamentos mais saudáveis. Ele estava percebendo que alguns de seus "relacionamentos sem saída" vinham de encontros com pessoas ligadas a hábitos não saudáveis em lugares destrutivos.

Passamos do tópico de lugar e tempo para qualidades e valores. Começamos a falar sobre o que ele havia aprendido com relacionamentos anteriores. Os relacionamentos são ótimos professores. Podemos aprender algo de valor até mesmo com os mais difíceis. Aprendemos mais sobre o que queremos em relacionamentos futuros quando dedicamos tempo para considerar o que aprendemos em relacionamentos anteriores. O que funcionou e o que não funcionou? O que oferecemos de valor para o relacionamento? Onde precisamos crescer? Quais qualidades a outra pessoa contribuiu para que as desejássemos ou quiséssemos evitá-las?

É bom obter feedback de fontes externas. Desafio os rapazes a pedir ao melhor amigo, aos pais, a uma amiga íntima e a outro adulto de confiança que deem suas opiniões sobre o que observaram no relacionamento. Muitas vezes, estamos simplesmente muito próximos do relacionamento para sermos objetivos, mas outras pessoas podem analisar algo valioso de um ângulo diferente. É preciso coragem, humildade e sabedoria para receber feedback, principalmente quando esse feedback pode ser difícil de ouvir.

Mas o feedback permite que nos coloquemos de forma mais estratégica no caminho dos relacionamentos mais saudáveis. Ele nos permite formular respostas melhores a perguntas sobre amizades e relacionamentos amorosos, como:

Quem são as pessoas que me levam a uma direção melhor?

Quais são as qualidades das pessoas que me ajudam a ser uma versão melhor de mim mesmo?

O que estou procurando em um amigo ou namorada?

Qual é a minha definição de um relacionamento de qualidade?

Como estou me colocando no caminho de relacionamentos saudáveis?

Obviamente, as respostas de um menino a esses tipos de perguntas serão limitadas pela idade, maturidade e experiência. Sua capacidade de pensar no futuro e no passado se torna mais desenvolvida com o tempo. Se ele não desenvolver habilidades de reflexão, como discutimos em um capítulo anterior, estará mais vulnerável a viver a definição clássica de insanidade – fazer a mesma coisa várias vezes esperando um resultado diferente.

Qualidade em vez de quantidade

Quanto mais tempo eu trabalho com meninos, mais me convenço de que são necessários apenas alguns deles. Deixe-me explicar. Se um garoto consegue encontrar um ou dois bons amigos que estejam caminhando na mesma direção, isso já é o suficiente. Se ele se graduar no ensino médio com seis ou sete grandes amigos, isso é incrível, mas não é necessário. Ele pode ter um grande círculo de amizades, mas é improvável que tenha uma conexão profunda e significativa com três dúzias de pessoas. Isso não é apenas improvável, é de certa forma impossível. Ele não pode se aprofundar com tantas pessoas. Ele pode ter uma série de conexões, mas precisa de apenas alguns aliados. Ele pode ter muitos espectadores, mas precisa apenas de alguns fiéis seguidores. Continue levando-o de volta às perguntas deste capítulo que permitem que ele avalie e reavalie seus relacionamentos.

Essa avaliação será útil quando ele se graduar e começar a viver por conta própria pela primeira vez. Nesse momento, a esperança é que ele possa fazer mais dessa avaliação sozinho. Queremos que ele desenvolva habilidades para identificar relacionamentos saudáveis – masculinos e femininos – que ofereçam o apoio necessário, a conexão e a comunhão de que todos nós precisamos como pessoas guiadas pelas relações.

Os meninos podem se beneficiar da leitura sobre a amizade entre Davi e Jônatas em 1 Samuel 18. Esse trecho fala sobre a grande amizade deles. Essa passagem descreve uma conexão íntima entre dois amigos. Ela fala de uma lealdade extrema que resiste a muitas fases em um relacionamento.

Essa mesma intimidade e lealdade estão presentes no relacionamento entre Cristo e seus discípulos. Ajude os meninos a avaliarem como Cristo interagiu com esses homens. Como eles andavam juntos, viviam próximos uns dos outros e investiam profundamente uns nos outros.

Ajude-os a fazer conexões sobre como essas interações são diferentes de como a maioria dos homens adultos interage. Acredito que seja útil para os meninos verem o fruto da conexão íntima entre os homens e como isso gerou um senso saudável de comunhão entre Jesus e seus discípulos, em comparação com as estatísticas compartilhadas no início do livro sobre homens que enfrentam dificuldades para pedir ajuda e vivem isolados.

Práticas intencionais

1. Definir os marcadores. Passe algum tempo definindo o que significa ser um marcador para os outros e para você. Faça uma lista das qualidades que fazem um bom marcador. Faça uma lista das funções que um marcador desempenha.
2. Identificar os marcadores. Ajude os rapazes a identificarem os amigos que os apoiam e que os ajudam a manter o ritmo. Pergunte se eles podem citar quem são essas pessoas e dê exemplos concretos de como seus marcadores o ajudaram em diferentes fases.
3. Agradecer. Passe da definição e da identificação para a gratidão. Escrevam juntos bilhetes agradecendo aos amigos que ofereceram o apoio necessário e desempenharam um papel vital em suas vidas. Os meninos se beneficiam ao ver seus pais reconhecendo o valor das amizades.
4. Compare e contraste. Estude exemplos nas Escrituras de como diferentes homens atuam na amizade. Compare esses exemplos com a forma como a maioria dos homens age em um relacionamento e como o mundo define o relacionamento entre homens.
5. Conexões opostas. Passe algum tempo ajudando os meninos a fazerem as conexões necessárias com relação à vida oposta no reino. Discuta como é a sensação de servir e se doar aos outros.

CAPÍTULO 7
EXEMPLOS E MENTORES

Recentemente, sentei-me com um pai de quarenta e poucos anos. Ele é pastor e está pensando em seu futuro. Ao falar sobre seus filhos, comentou que se preocupava com a forma como eles percebiam o trabalho que ele fazia, tendo em vista o fato de ele estar esgotado. Ele expressou a preocupação de que isso não apenas afetaria a maneira como seus filhos viam a vida vocacional de um homem, porém, acima de tudo, como isso poderia afetá-los espiritualmente, já que ele trabalhava no ministério vocacional.

Sua esposa desafiou-o a considerar a possibilidade de se reunir com alguns pastores na faixa dos sessenta anos que estavam no ministério vocacional há décadas e ainda mantinham casamentos felizes e estavam envolvidos com seus filhos adultos. Ele se sentou e pensou por um longo período e percebeu que não conseguia identificar um único homem. Ele ficou desolado com essa realidade. Ele conhecia muitos pastores que haviam deixado o ministério e ido para outras áreas. Conhecia vários que haviam perdido o casamento e inúmeros que tinham relacionamentos desfeitos com seus filhos adultos ou nenhum relacionamento.

Ele não estava de forma alguma dizendo que o pastor que sua esposa tinha descrito não existia – ele simplesmente percebeu como é incomum que esses relacionamentos e a paixão pelo ministério pastoral ainda estejam intactos. Ele se sentia sobrecarregado por não estar próximo de outro homem que havia trilhado o mesmo caminho e que estava mais adiante na jornada. Processamos a sensação de se deparar com essa realidade e o quanto ele queria poder oferecer algo diferente aos seus próprios filhos.

Todos nós precisamos de modelos e mentores. É importante ter outros pais ao nosso redor que estejam passando pelas mesmas estações em que estamos. Pais que entendam a privação de sono em virtude de um recém-nascido, as birras de uma criança pequena de três anos ou o desdém de um adolescente. Pais que estão no meio da situação conosco e entendem os desafios diários que enfrentamos.

Também precisamos de pais que tenham viajado antes de nós e que possam nos dar uma visão do que está por vir. Um de meus amigos mais queridos está uma década à minha frente. Meus três filhos estão atualmente na faculdade. Os três dele são adultos casados. Eu estou na frente de ser um ninho vazio. Ele é um avô querido. Preciso de sua sabedoria e experiência. Ele a disponibilizou para mim em todas as fases da vida dos meus filhos. Desde a dentição até o namoro, desde o primeiro dia do jardim de infância até o primeiro dia da faculdade, e assim por diante. Ele já respondeu a mais de mil perguntas em nossos trinta anos de amizade e me lembra com frequência de que nunca deixamos de ser pais. Só porque seus filhos saem de casa e se tornam adultos que também são pais, você nunca deixa de se preocupar ou de se perguntar como eles estão. Você ainda perde o sono quando eles têm dificuldades e ainda quer que eles voltem para casa.

Meu sábio amigo me desafiou a confiar e a ouvir mais, a reagir e a lamentar menos e a seguir a sabedoria da Oração da Serenidade em minha jornada como pai. Uma das minhas esperanças é que, por meio de relacionamentos transformadores como esse, eu esteja crescendo e mudando. Recentemente, ouvi um pai dizer que esperava que seus filhos um dia dissessem que ele era alguém consciente de suas falhas e que se transformou com o tempo. Ele esperava que seus filhos pudessem identificar a diferença entre quem ele era quando eram jovens e quem ele se tornou ao longo das décadas em que o conheceram. Ele esperava que eles vissem o que Jesus fez com ele, por meio da oração e da comunhão, e que isso lhes desse esperança de quem eles poderiam se tornar em Cristo.

Falo com frequência sobre o tempo que passo na companhia de amigos sábios. Espero que meus filhos consigam identificar meus três amigos mais próximos e como a vida deles moldou a minha. Como esses amigos me orientaram para que eu me tornasse um homem, um marido e um pai.

Acredito que eles observaram como o avô deles, meu pai, me moldou. Ainda estou aprendendo com o exemplo dele. Todos nós precisamos de pessoas que caminharam antes de nós. Precisamos de uma comunidade multigeracional. Em nossos bairros, igrejas e famílias. Preocupa-me que isso esteja acontecendo menos do que nunca. Preocupo-me com o número de igrejas em todo o país que são lideradas por pessoas com vinte e poucos anos ou trinta e poucos anos. Vou ser claro ao dizer que acredito que essas pessoas têm algo extraordinário a oferecer, mas também têm muito a aprender.

Sou incrivelmente grato por ser pastoreado por dois homens de sessenta e setenta anos. Sou grato por minha chefe ter setenta e poucos anos e por meu pai ter setenta e poucos anos. Tenho vizinhos e amigos que estão cinco, dez e vinte anos à minha frente. Sou grato por estar cercado de tanta sabedoria e experiência vivida. Provérbios nos lembra da importância disso.

> Ouçam, amigos, estes são conselhos de pai. Prestem bastante atenção, e saberão como viver. Os conselhos que dou a vocês são bons e muito importantes: não deixem entrar por um ouvido e sair pelo outro. Quando eu era garoto e ainda no colo do meu pai sendo o orgulho e a alegria da minha mãe, Com paciência ele me ensinava: "Guarde isto no coração.

> Faça o que eu digo: viva! Se precisar, venda tudo e compre a sabedoria! Procure entendimento! Não esqueça uma só palavra! Não se desvie nem um centímetro! Nunca ande longe da sabedoria — ela guarda sua vida. Trate de amá-la, pois sempre cuidará de você. Acima de tudo: alcance a sabedoria. Escreva no topo da lista: 'Entendimento'. Agarre-a com firmeza — acredite, você não se arrependerá. Nunca a deixe partir, porque ela fará sua vida gloriosa, cheia da indescritível e maravilhosa graça, ela enfeitará seus dias com a mais pura beleza". Amigo, aceite meu conselho: ele dará a você mais alguns anos de vida. Ensinei a você o caminho da sabedoria, e fiz o mapa que o leva à justiça. Não quero que você termine num beco sem saída ou perca tempo fazendo retornos inúteis. Apegue-se aos bons conselhos; não seja relapso. Guarde-os bem, pois sua vida está em jogo!
>
> — Provérbios 4:1-13 *A Mensagem*

Talentos coletivos

A sabedoria vem da experiência vivida. A sabedoria também vem de se cercar de pessoas que o superam. Acredito que grande parte da sabedoria que adquiri nasceu de um casamento fora do meu alcance, da amizade com pessoas que me superam e do trabalho com uma equipe que me supera. Estou simplesmente cercado de pessoas mais inteligentes, mais fortes, mais sábias e mais talentosas do que eu, e isso tem me servido muito bem. Eu poderia passar muito tempo afundando na inveja e no ciúme, mas prefiro apenas aprender e deixar que seus talentos coletivos se derramem sobre mim.

> Mas na multidão de conselheiros há segurança.
>
> — Provérbios 11:14 *NKJV*

Como diz o famoso ditado, somos a média das cinco pessoas com quem convivemos. Essa seria uma ótima conversa para ter com seu filho durante todo o desenvolvimento dele. Peça-lhe que identifique as cinco pessoas com quem mais convive e que reflita sobre a influência delas (boa ou ruim). Peça-lhe que identifique as cinco pessoas com quem você passa mais tempo. Veja se ele está no alvo ou não em sua avaliação. Em seguida, fale sobre a influência de suas cinco principais pessoas e sobre algo único que aprendeu ou está aprendendo com cada uma delas.

Mencionei anteriormente que um de meus avós era construtor. Ele lutou na Segunda Guerra Mundial, e a bandeira de seu funeral está emoldurada em meu escritório. Também tenho uma coleção de suas ferramentas antigas que coloquei em toda a minha casa e em meu escritório. Com ele, aprendi sobre bravura e construção.

Meu outro avô adorava pescar. Tenho uma caixa de equipamentos que ele me deu quando eu era menino. Ela tem meu nome e é a única coisa que possuo com a letra dele. Com ele, aprendi sobre paciência e resistência.

Meu sogro foi um dos homens mais gentis, calorosos e envolventes que tive o prazer de conhecer. Ele via ninguém como um estranho. Observá-lo ao longo das décadas me ensinou o valor de envolver os outros e ajudar as pessoas a se sentirem vistas e conhecidas.

Meu próprio pai é um dos homens mais bondosos com quem eu poderia ter esperado passar a vida inteira. Ele foi um educador apaixonado durante toda a minha vida, e ainda mais apaixonado pela sua fé. Com ele, desenvolvi o amor pelo aprendizado, a força da curiosidade e a evidência de como é caminhar com Deus por sete décadas.

Esses são apenas meus pais e avós. Eu poderia facilmente listar o impacto de minha esposa, meu chefe, meus colegas, meu pastor e meus amigos mais queridos. A proximidade com essas pessoas moldou profundamente quem eu sou e tem sido uma fonte de sabedoria e experiência vivida.

Assim como fui influenciado positivamente por essas pessoas, os meninos podem ser moldados negativamente pelas pessoas em suas vidas. Semanalmente, converso com pais que estão preocupados com os amigos ou namoradas de seus filhos. Não podemos escolher os amigos de nossos filhos, mas podemos ajudá-los a fazer bons contatos. Já conheci pais que tentaram forçar o rompimento com uma namorada e criaram uma situação do tipo Romeu e Julieta.

Embora não possamos escolher esses relacionamentos, certamente temos o poder de influenciar o tipo de tempo que passam com eles enquanto possuem menos de 18 anos. Desafio os pais que se preocupam com a falta de supervisão ou fiscalização na casa de outra família a simplesmente dizer aos filhos: "Não conheço os pais o suficiente para que você passe algum tempo lá, mas você pode receber seu amigo em nossa casa". Ou: "Suspeito que possamos ter regras ou ideias diferentes sobre o que é aceitável e o que não é, portanto, concordo que você fique aqui, mas não lá". Não estamos limitando a oportunidade de ter um relacionamento, mas estamos criando um contexto mais seguro para que passem o tempo juntos.

Muitos meninos ficam irritados com essa resposta e recusam a sugestão. Minha experiência diz que eles costumam ceder com o tempo se o relacionamento tiver significado suficiente para eles ou se a situação se resolver por si só. Muitos meninos estão cientes dos amigos que violariam os limites em sua própria casa e simplesmente não querem lidar com o incômodo e as consequências do que isso significaria para eles.

Você pode tratar um relacionamento amoroso da mesma forma. Continue a receber a namorada de seu filho em sua casa se tiver preocupações sobre como eles passarão o tempo juntos e, depois, assuma a responsabilidade pela supervisão. Eu chamo isso de resposta "não/sim". Você está dizendo não ao local e sim ao relacionamento. O "sim" permite que você conheça o amigo ou a namorada e saiba mais sobre o relacionamento.

É importante observar que alguns meninos encontrarão um jeito para ter relacionamentos perigosos e destrutivos. Já prestei consultoria a pais de meninos que descobriram que um toque inapropriado ocorreu com um colega, e tornou-se necessário estabelecer limites rígidos em torno desse relacionamento e buscar o apoio necessário. Já trabalhei com meninos adolescentes que deixaram de ser namorados e acabaram como conselheiros de crise para meninas adolescentes. Ela estava usando o relacionamento como uma crise cheia de reféns, ameaçando se autoflagelar e exigindo que ele fosse sua tábua de salvação. Conheço meninos que têm amigos que não respeitam os limites de sua casa e trazem substâncias ilegais para o local. Em qualquer momento em que seu filho estiver no caminho do perigo, não só é apropriado como necessário intervir. Quando o perigo está na equação, não se trata mais de um "não/sim", mas de um "não/não", sendo que a prioridade é a segurança dele. É vital distinguir entre relacionamentos que têm uma tendência negativa e aqueles que não são seguros.

Outras vozes

Da mesma forma que estamos pensando intencionalmente sobre as influências dos colegas na vida de nossos filhos, queremos também pensar estrategicamente sobre as vozes dos adultos. É comum que outros adultos consigam se expressar de uma maneira única. Isso é parte do motivo pelo qual muitos meninos se comportam de forma consistente com professores e técnicos, ao mesmo tempo que pressionam os pais.

Lembro aos pais de adolescentes que é comum nossas vozes ficarem mais amenas e as vozes de seus colegas e de outros adultos falarem mais alto. Pense nos professores, treinadores, pastores de jovens e pais de amigos que tiveram uma forte presença em sua própria adolescência. Pense em professores, ministros do campus e outros adultos que o influenciaram durante os anos de faculdade.

Quando nossa voz fica mais branda, é tentador falar mais e falar mais alto. Nenhuma dessas abordagens é eficaz. A melhor resposta é colocar seu filho no caminho de outras vozes adultas saudáveis. Pense estrategicamente sobre as ligas esportivas em que seu filho participará e os tipos de técnicos que essas ligas atraem. Ao analisar as igrejas, passe algum tempo com os adultos que dirigem os ministérios das crianças e dos jovens. Se parecer difícil encontrar essas vozes adultas confiáveis, considere a possibilidade de contratá-las. Sim, você leu corretamente.

Há alguns anos, trabalhei com pais cujo filho havia se tornado resistente ao grupo de jovens, e isso havia se tornado uma batalha para a família que não valia a pena lutar. Esse jovem praticava um esporte que durava oito semanas. Nos outros dez meses do ano, ele não tinha contato com outros adultos, exceto por alguns ótimos professores que só o viam uma hora por dia durante o ano letivo. Seus pais entraram em contato com um amigo ministro do campus de uma faculdade local e pediram o nome de alguns garotos de confiança em idade universitária que poderiam querer ganhar algum dinheiro extra. Eles entrevistaram três rapazes e contrataram um com um grupo de seis pais para formar um pequeno grupo para seus filhos. Eles acabaram se reunindo durante três anos do ensino médio e formaram relacionamentos sólidos. Aquele jovem universitário se beneficiou da mentoria (e de algum dinheiro extra), e esse grupo de adolescentes se beneficiou do investimento desse universitário muito legal que estava caminhando com Cristo bem antes deles.

Trabalhei com uma mãe solteira que uniu forças com outras quatro mães solteiras para contratar um jovem casado em sua igreja para liderar um clube do livro para seus alunos da quinta série. As mães se revezavam para organizar o clube em suas casas e preparavam a comida, e os meninos se beneficiavam de passar o tempo na companhia de um homem adulto saudável, que se interessava e investia em cada um deles. Ele estava servindo de modelo para que os jovens se tornassem leitores e aprendizes, tivessem conversas ponderadas e ouvissem sem julgar. Havia níveis de benefícios sociais e emocionais por meio da simplicidade dessa experiência para esses meninos, todos os quais estavam crescendo sem os pais.

Conheço outra família que contratou um excelente universitário para formar um time de basquete da liga da igreja para seus filhos. O basquete foi simplesmente o meio para reunir esses rapazes. Os treinos se transformaram em treinos e hora do lanche. Os jogos estenderam-se às saídas aos sábados. Os rapazes terminaram sua última temporada encomendando uniformes antigos online. Eles se vestiam para cada jogo como jogadores da década de 1950. As fotos não têm preço. A mentoria que ocorreu foi a verdadeira vitória dessa experiência.

Seja o mais estratégico, criativo e fervoroso que puder ao introduzir outras vozes durante o desenvolvimento de seu filho. A capacidade dele de ouvir essas vozes é extraordinária. Vamos aproveitar essa realidade.

Vozes da mídia

Por mais que os meninos sejam cativados por todas as coisas relacionadas à tecnologia e à mídia, vamos ser estratégicos ao explorá-las ao máximo também. Isso exigirá alguma orientação e exposição. Deixados à deriva em seus navegadores, os meninos podem não encontrar o caminho para as vozes mais construtivas. Seja na música ou no YouTube, infelizmente muitos meninos gravitam em torno do menor denominador comum. Fico triste que, com todas as músicas excelentes que existem, os meninos tendem a se reunir em torno de um pequeno grupo de artistas que usam principalmente palavrões, exaltam a cultura das drogas e desmoralizam as mulheres em suas letras. Infelizmente, esses podem ser os mesmos ingredientes daqueles influenciadores que eles seguem no YouTube e no TikTok. Use esse fascínio como uma oportunidade para desenvolver o pensamento crítico e estabelecer bons limites em seus dispositivos com conteúdo explícito.

Às vezes, os meninos simplesmente precisam de mais exposição a outras opções. Felizmente, ainda há grandes vozes na mídia social usando essa plataforma para o bem. Há vozes fortes no esporte e no entretenimento que não estão usando esses mesmos ingredientes negativos para produzir conteúdo.

Isso vale para filmes e programas de televisão. Há muito conteúdo sombrio por aí, ao lado de ótimas histórias que podem ser um instrumento para o desenvolvimento do pensamento crítico, além de uma orientação saudável. Os meninos podem ser orientados por meio de personagens fictícios. Ao assistirem a programas e filmes em família, analisem os personagens e identifiquem as qualidades e fraquezas. Destaque os personagens que têm qualidades que se identificam com você – uma qualidade que você incorpora ou que espera adquirir. Faça isso com livros e mídia. Permita que essas vozes sejam ferramentas de crescimento e desenvolvimento.

42, a história de uma lenda é um filme incrível que ilustra bem como somos "inculturados" em uma compreensão de algo. O filme é um belo retrato da vida de Jackie Robinson, que se tornou o primeiro afro-americano a jogar na liga principal de beisebol. Há uma cena comovente em que um menino está sentado na arquibancada ao lado de seu pai. Quando Jackie entra em campo, seu pai e a multidão começam a gritar declarações racistas horríveis. O menino fica visivelmente perturbado. Ele se senta com o desconforto e, tragicamente, começa a entoar as mesmas declarações racistas que seu pai. É um lembrete de como a orientação funciona. Como ela pode ser uma força poderosa para o bem ou para o mal. É um lembrete de que o racismo é ensinado — não se nasce racista.

A cena pode ser uma poderosa ferramenta de ensino em muitos níveis para os meninos. Peça aos meninos que identifiquem personagens com força e integridade no filme. Peça-lhes que identifiquem indivíduos com essas mesmas qualidades em sua própria vida. Pergunte aos meninos sobre as situações em que presenciaram o racismo. Use essa importante história para ajudar os meninos a fazerem as conexões necessárias.

Uma nova estrutura

Quando eu estava crescendo, toda experiência esportiva terminava com um aperto de mão ou um "bate aqui." Tenho milhares de lembranças de quando terminava um jogo ou partida e caminhava até o centro da quadra para apertar a mão ou dar um "toca aqui" na equipe adversária. Meu técnico sempre apertava a mão do técnico adversário.

Independentemente do resultado do jogo, de quem ganhasse ou perdesse, todos os envolvidos se cumprimentavam ou faziam esse gesto de "toca aqui" no final. Isso começou no ensino fundamental e se estendeu até o ensino médio. Essa parecia ser uma maneira importante de encerrar uma competição – um compromisso com a civilidade e o respeito. O reconhecimento de que era apenas um jogo. Certamente me lembro de momentos em que não queria parabenizar uma equipe que havia derrotado a minha. Sou grato por ter sido obrigado a fazer isso de qualquer forma. Acho que foi uma prática útil em muitos níveis.

Não vejo mais essa prática com tanta frequência. Não vejo tanto dessa demonstração de civilidade e respeito nos esportes juvenis de hoje. Na verdade, já vi alguns dos piores comportamentos humanos acontecerem em uma quadra ou campo esportivo. E quando digo pior comportamento, geralmente não era dos jovens jogadores, mas dos adultos.

Certa vez, trabalhei com uma família divorciada, e o pai foi suspenso de assistir aos jogos de futebol do filho. Na época, o filho estava na quinta série. O pai gritava palavrões da arquibancada até que um árbitro foi até a lateral do campo e ameaçou mandá-lo embora. Ele então xingou o árbitro até que o diretor da escola o abordasse com uma advertência. Após a terceira advertência, ele recebeu uma carta da diretoria da escola particular de seu filho informando que não poderia mais participar de eventos esportivos patrocinados pela escola.

Já ouvi inúmeros meninos contarem histórias de seus técnicos sendo arrastados para fora do campo ou da quadra durante um jogo e como foi ver isso acontecer. Recentemente, vi uma postagem online da *West Marin Little League* com "Lembretes para seu filho". Dizia o seguinte:

> Eu sou uma criança
>
> Isso é apenas um jogo
>
> Meu treinador é um voluntário
>
> Os funcionários são seres humanos
>
> NENHUMA bolsa de estudos universitária será distribuída hoje

É decepcionante pensar que chegamos a um ponto em que precisamos de lembretes visuais para que os adultos deixem que as crianças tenham uma experiência completa e benéfica nos esportes juvenis. É desolador saber que esse tipo de exemplo está acontecendo em todo o país. As crianças aprendem mais com a observação do que com a informação. Elas precisam desesperadamente ver bons exemplo. Elas precisam de adultos que sejam exemplos de vitórias e derrotas. Elas precisam de adultos que estejam implementando os tipos de habilidades saudáveis de enfrentamento de que falamos ao longo deste livro. Dentro e fora do campo, e nos momentos cotidianos da vida.

Infelizmente, muitos meninos estão testemunhando homens que estão sofrendo e causando dor. Muitas vezes, um menino não tem habilidades simplesmente porque não teve evidências suficientes – uma falha na imaginação. Certa vez, ouvi dizer que o desconforto é o preço da matrícula para uma vida significativa. Os meninos simplesmente precisam ver os adultos que os cercam sendo exemplos de como lidar com o desconforto da vida aqui nesta terra.

Práticas intencionais

1. As cinco principais influências. Peça a seu filho que identifique as cinco pessoas com quem ele passa mais tempo. Quem são essas cinco pessoas além da família?
2. Identifique sua aldeia. Realmente é preciso uma aldeia inteira para criar uma criança. Faça uma lista das pessoas em sua aldeia nesta fase específica. Quem são as outras vozes adultas de confiança na vida de seu filho (professores, treinadores, parentes, outros pais, pastores de jovens, chefes de escoteiros etc.)?

3. Vozes da mídia. Peça ao seu filho para listar as vozes da mídia com as quais ele passa mais tempo (artistas, músicos, atletas profissionais, artistas, influenciadores etc.). Pergunte o que o atraiu para a mensagem deles e o que ele acredita que cada um deles representa.

4. Livros e filmes. Faça uma lista de livros para ler e filmes para assistir que convidem os meninos a ter exemplos e mentores saudáveis por meio de personagens. Dê uma olhada em *@raisingboysandgirls* no Instagram para ver uma lista de ótimos livros e filmes para crianças, desde bebês até adolescentes, que incluem ótimas histórias e personagens para estudar. A Common Sense Media também tem listas de ótimos filmes e programas para assistir com crianças com base nas idades e fases da vida.

5. Retribua. É importante não apenas identificar pessoas que foram grandes mentores, mas também pensar em orientar outras pessoas. Peça a seu filho, seja qual for a idade dele, que identifique quem ele acredita que pode influenciar para o bem. Peça que ele compartilhe uma lembrança de um momento em que serviu como mentor para alguém.

CAPÍTULO 8

PARA DEUS E PARA OS OUTROS

Atualmente, você já deve ter descoberto meu apreço pela corrida cross-country. Adoro esse esporte por mil motivos. Ele ensina resistência e persistência. Você faz parte de uma equipe e estabelece metas individuais. Ele permite passar horas intermináveis na natureza e, na minha opinião, é uma ótima metáfora para a vida. A vida não é uma corrida de velocidade, é uma maratona. É uma corrida longa e duradoura, cheia de altos e baixos, perdas e vitórias.

Todos os meus três filhos correram no cross-country durante o ensino médio. Minha filha chegou em casa no primeiro ano depois de um treino brutal e compartilhou uma visão incrível de seu treinador. Naquele dia específico, eles estavam treinando em colinas, o calor era sufocante e todos estavam com pouca resistência. Seu técnico desafiou a equipe com um treino para os piores momentos da subida. Quando sua mente estiver presa à dor e à angústia da subida, e for difícil se imaginar fazendo força, volte sua atenção para fora. Comece a torcer por um colega de equipe.

Adorei suas palavras. Adorei esse desafio. Ela não estava fingindo que isso eliminaria o desconforto, mas simplesmente o redirecionaria para outro propósito.

Seu treinador conhecia a sabedoria da atençao. Não podemos dar 100% de nossa atenção ao desconforto se estivermos voltando-a para torcer por um amigo. Acredito que essa atitude não é apenas uma estratégia para correr, mas uma sabedoria para a vida. Acredito que está em nosso chamado como cristãos de amar a Deus e amar os outros. Queremos estar sempre voltando nossa atenção para Deus e para os outros.

Essa prática nos remete à definição de desenvoltura que discutimos no início deste livro – colocar a emoção a algo construtivo. Desse modo, é de grande importância dissecar o significado. Aparentemente, isso pode parecer evasão ou negação. Fingir que o desconforto não existe e agir de acordo.

Não era isso que o técnico da minha filha estava comunicando e não é isso que estou recomendando. O primeiro terço deste livro é dedicado à força da emoção. Compreender minhas próprias emoções e me apoiar nas emoções dos outros. A dra. Susan David, psicóloga da *Harvard Medical School*, fez uma extensa pesquisa sobre agilidade emocional, ou as habilidades de ser saudável consigo mesmo e com os outros. A dra. David acredita que nossas emoções sinalizam as questões com as quais nos importamos e as coisas de que precisamos.[1] Como já discutimos, elas não são boas ou ruins – simplesmente sinalizam uma necessidade.

Quando reconhecemos a necessidade, podemos atendê-la. Agilidade emocional significa que uso meus sentimentos para me guiar em meus valores. Meu principal valor como pessoa de fé é mover-me para Deus e para os outros, amar a Deus e os outros. Esse valor foi o que orientou o treinador da minha filha a recomendar que o desconforto fosse levado em direção ao propósito.

Esse treinador conhecia a satisfação que viria ao defender os colegas de equipe nas partes mais difíceis da corrida. A satisfação que sentimos ao viver centrado nos outros foi comprovada biologicamente e neurologicamente. Ter um propósito e oferecer apoio têm um impacto profundo em nosso bem-estar. Pesquisas comprovaram que isso pode reduzir os níveis do hormônio do estresse, o cortisol, e liberar mais substâncias químicas que nos fazem sentir bem.

Por exemplo, um estudo descobriu que os alunos do ensino médio que orientavam os alunos mais jovens, ajudando-os com seus hábitos de estudo, passavam mais tempo fazendo seus próprios deveres de casa. Encontrar significado, descobrir propósito e servir aos outros tem impacto no bem-estar físico e emocional em muitos níveis.[2]

Se juntarmos esses dados aos benefícios pesquisados de se ter uma vida espiritual – melhores resultados de saúde, menos ansiedade e depressão, melhores habilidades de enfrentamento e maior longevidade, para citar alguns – confirmaremos os benefícios de voltar nossa atenção para Deus e para os outros.[3] Como em tudo o que discutimos, isso começa com nossa própria experiência, para que possamos exemplificar de forma consistente para os meninos que amamos e, então, ajudá-los a se desenvolverem mais nessa área.

Expressando-se emocionalmente

Ao pensarmos em ajudar os meninos a se expressarem emocionalmente, pode ser útil usar um diagrama para explicar-lhes esse conceito e nos ajudar a entendê-lo melhor.

SENTIMENTOS > REAÇÃO EMOCIONAL

Temos uma experiência e, dentro dela, temos sentimentos sobre o que está acontecendo. Aceitamos esses sentimentos (internalização) e temos uma reação emocional (externalização). Lembre-se de que os sentimentos são apenas sentimentos. Eles não são bons ou ruins, certos ou errados. Eles simplesmente estão nos sinalizando de alguma forma. O que fazemos com esses sentimentos pode ser bom ou ruim, certo ou errado, saudável ou nocivo. Se pudermos usar nossa lista das cinco melhores ideias, há uma grande chance de a reação emocional ser mais construtiva e útil. Se liberarmos a somatização, a intensidade não vai se acumular dentro de nós. Se fizermos uma respiração profunda para que o fluxo sanguíneo volte ao córtex pré-frontal, poderemos pensar racionalmente. Podemos falar sobre o que está acontecendo em vez de dizer: "Eu não sei". Tudo isso é uma exteriorização saudável.

Se nos abrirmos em vez de nos fecharmos, prepararemos o terreno para uma reação emocional construtiva. Quando os meninos se trancam no quarto, recusam-se a ir ao ambiente espaçoso ou não querem testar a lista das cinco melhores ideias, eles estão simplesmente criando um acúmulo de emoções. É como um vulcão, e quando há um acúmulo de lava quente demais em seu interior, ele entra em erupção.

Use a analogia de um vulcão. Talvez você até queira inclui-la no diagrama. Essa pode ser uma ferramenta de ensino útil para ajudar os meninos a fazerem conexões entre demonstrar e guardar as emoções. Outra ferramenta concreta pode ser estourar um balão. Faça uma pausa entre as respirações e mencione várias circunstâncias difíceis que gerariam fortes emoções. Continue soprando até que o balão esteja prestes a estourar. Pergunte aos meninos o que eles acreditam que vai acontecer se o balão estourar.

Converse com os meninos sobre a quantidade de movimento saudável que acontece ao ar livre. Obviamente, muitas das ideias da lista das cinco melhores ideias podem envolver algo ao ar livre. Além disso, discuta todos os benefícios para a saúde de estar na natureza. Estar na natureza pode "diminuir a pressão arterial e os níveis de hormônio do estresse, reduzir o estímulo do sistema nervoso, melhorar a função do sistema imunológico, elevar a autoestima, reduzir a ansiedade e melhorar o humor".[4]

Quando me sento com os pais em uma primeira consulta, geralmente peço-lhes que falem sobre quando o filho parece estar bem. Quando ele está mais satisfeito, mais feliz, sendo mais ele mesmo. As duas respostas mais comuns que ouço são: quando está sozinho e quando está ao ar livre. Acredito que a maioria dos meninos é capaz de dar o melhor de si quando brincam ao ar livre, seja em brincadeiras imaginativas, de aventura ou esportivas. Quando ele está se movimentando, explorando e vivenciando a natureza, isso traz à tona o que há de melhor nele.

Pense em como o contrário também é verdade. A maioria dos conflitos que ouço os pais descreverem gira em torno da tecnologia. As batalhas surgem quando se trata de desligar um dispositivo, estabelecer, respeitar ou violar limites. Limitar o tempo de tela sempre será uma batalha que vale a pena travar quando se trata de meninos. Eles precisam desesperadamente de limites nessa área e sempre precisam do benefício do tempo ao ar livre.

Quando fizerem caminhadas em família, andarem de bicicleta, praticarem canoagem, caiaque, escalarem montanhas, acamparem ou simplesmente derem uma volta no quarteirão com o cachorro da família, conversem sobre como se sentem diferentes ao final desse momento. Nunca me senti emocionalmente sobrecarregado, fiz uma caminhada e depois me senti pior. Sempre me sinto melhor. Mais tranquilo. Mais regulado. Mais integrado.

Algumas das conversas mais ricas com meus filhos aconteceram durante uma caminhada em nossa vizinhança. Intencionalmente, tive algumas das conversas mais difíceis com eles enquanto caminhava. Continuo a ver que receber apoio funciona bem em comparação ao confronto. Todas essas ideias se encaixam nessa categoria de externalização.

Expressando-se relacionalmente

Temos um parque próximo ao nosso escritório e lá há um circuito que é ideal para passear com os cães de terapia que usamos em nossa prática. Tive algumas conversas interessantes com os garotos que passeavam por esse circuito. Estou convencido de que eles não têm consciência do quanto desabafam, questões que talvez não pretendessem compartilhar tão abertamente nessas caminhadas. O movimento é tranquilo e cria mais espaço para uma boa conversa.

SENTIMENTOS > DESABAFO

Acho que é importante que os meninos entendam as estatísticas de que os homens são mais resistentes em discutir abertamente sua saúde (física ou mental). A tendência de se isolar em vez de se abrir é grande no sexo masculino e, quanto mais cedo educarmos os meninos sobre essa internalização, melhor. O mesmo diagrama pode ser útil para pensar estrategicamente sobre o externalizar as emoções em direção aos relacionamentos. Volte ao brainstorming que fizemos sobre a identificação de aliados nos capítulos anteriores.

Uma prática que costumo recomendar aos pais é comprar um diário e escrever com seu filho. Você pode até mesmo usar algumas das sugestões recomendadas para ele em capítulos anteriores como ponto de partida para iniciar essa prática, em que ambos respondem à mesma pergunta ou terminam a mesma frase.

Incentivei os pais dos garotos a fazerem um experimento concreto para ajudar seus filhos a se conectarem com a importância dessa externalização. Vou pedir que eles arrumem uma mochila cheia de livros. Certifique-se de que a mochila seja pesada. Peça a seu filho que coloque a mochila e pergunte a ele qual é a sensação de carregar tanto peso.

Use alguns iniciadores de conversa ou perguntas e, a cada resposta, retire um livro. Faça com que os meninos experimentem a mochila em intervalos diferentes para destacar os benefícios de compartilhar pouco, compartilhar muito e descarregar tudo o que estiver carregando. Converse com os meninos sobre a experiência da mochila como um exemplo de como carregar todos os seus sentimentos ou pensamentos sozinhos e a diferença que faz descarregá-los com uma pessoa de confiança em sua vida. Discuta como nosso coração fica cansado quando guardamos todos os nossos sentimentos. Nosso cérebro se cansa quando carregamos todos esses pensamentos sem liberá-los em um relacionamento seguro.

Eu também recomendaria que, quando a mochila ainda estiver um pouco cheia, ele a colocasse no peito. Use isso como uma ilustração de como é muito mais difícil se aproximar das pessoas quando estamos carregando toda essa "bagagem extra". Ela não apenas pesa, mas também atrapalha nossas conexões e relacionamentos. Basicamente, ela nos atrapalha em muitos níveis.

Com relação a pensamentos e sentimentos, vale a pena mencionar que, com o passar do tempo, as emoções passaram a ser classificadas por gênero. Geralmente falamos com as meninas sobre como elas se sentem e com os meninos sobre o que eles fizeram. Dessa forma, não só estamos perdendo a oportunidade de os meninos desenvolverem um vocabulário emocional, como também estamos comunicando que eles não têm emoções. Não há problema em fazer perguntas sobre como ele passou o dia e o que fez, mas não deixe de perguntar também como ele se sentiu em relação aos acontecimentos. Use o gráfico de sentimentos para preencher as lacunas em uma questão de múltipla escolha. Isso não apenas fortalece os músculos emocionais, mas também cria familiaridade para compartilhar sobre o mundo interno dele em relacionamentos seguros.

Certa vez, falei a um grupo de homens profissionais que faziam parte de um fórum. Esses homens eram todos executivos e chefes de corporações ou empresas. Eles se conheceram por meio da associação em uma organização nacional e se comprometeram a se reunir mensalmente. Esses homens claramente enfrentavam desafios únicos no gerenciamento de organizações e todos os desafios pessoais e profissionais decorrentes do fato de terem cargos elevados.

Achei que o compromisso deles de se reunirem era admirável, sábio e um dos melhores investimentos que poderiam fazer em seus trabalhos, casamentos e na criação dos filhos.

Eles começavam todas as reuniões falando abertamente sobre seus casamentos e criação dos filhos. Eles identificavam as dificuldades que estavam enfrentando e as práticas que estavam adotando. Eles compartilhavam livros, podcasts, indicações de conselheiros e uma série de outros recursos em um esforço para apoiar uns aos outros para sustentar esses relacionamentos. Eles reservavam propositalmente um período específico para essa parte das reuniões. Estava em primeiro lugar como uma forma de comunicar sua prioridade e garantir que nunca fosse retirada da pauta.

Somente então eles passariam a falar sobre os desafios que estavam enfrentando e o crescimento que estavam tendo no local de trabalho.

As reuniões geralmente incluíam educação. Eles me pediram para falar sobre paternidade e, de modo mais específico, sobre seu papel como pais. Comecei minha palestra afirmando o que eles estavam fazendo e lembrando-os de como era rara a comunhão que haviam criado entre os homens deste mundo. Prossegui dizendo que o exemplo deles era algo com que os grupos de homens nas igrejas poderiam aprender.

Eles não só estavam priorizando suas vidas pessoais acima das profissionais, como também estavam priorizando e praticando a fala honesta do que estavam enfrentando como maridos e pais. Como se isso não fosse significativo o suficiente, destaquei o fato de que me trazer para falar era prova do desejo de crescer e aprender: algo que cada um de nós deve continuar a fazer durante todo o desenvolvimento. Não devemos deixar de ser estudantes simplesmente porque terminamos nossa experiência escolar formal. Sempre há mais a aprender. Externar as emoções é um dos contextos mais extraordinários para o crescimento.

Expressando-se espiritualmente

Esses homens sábios estavam sendo exemplo de algo que eu gostaria que todos os meninos pudessem ver. Ao se reunirem e compartilharem uns com os outros, eles estavam confirmando a necessidade de estarem juntos. Esses homens estavam contrariando as estatísticas sobre homens que não procuram ajuda. Apesar de serem muito bem-sucedidos profissionalmente e, para a maioria deles, estarem no auge de suas carreiras, eles foram rápidos em reconhecer a necessidade que tinham uns dos outros. Poucos homens se sentem à vontade para reconhecer essa necessidade. Há muito tempo percebo que alguns dos pais mais saudáveis com quem trabalho são os que estão se recuperando. Quando você trabalha com os Doze Passos, entende a importância de identificar sua necessidade de Deus e dos outros. Isso é fundamental para recuperar o trabalho.

Você chegou a um ponto em que admite que é impotente e que o único caminho a seguir é pedir ajuda. Essa é a beleza de participar das reuniões de reabilitação. É a prática contínua e consistente de se reunir em uma comunidade segura e reconhecer sua necessidade.

Embora as Escrituras sejam incrivelmente claras quanto ao fato de Deus nos pedir para buscá-lo quando estivermos cansados e sobrecarregados, desamparados e necessitados, mas temos dificuldade em fazer isso como homens. O convite é claro, mas a prática é difícil. Até aprendermos a orar, falar e agir com honestidade, continuaremos a confiar em nossa própria força. Confiar em nossa própria força e nos apresentarmos como competentes sempre servirá como uma barreira à nossa necessidade de termos Jesus. Simplesmente não podemos ser independentes e dependentes ao mesmo tempo.

Parece importante reconhecer como essa forma de estar no mundo é contraditória com a frase comum "Seja homem!" Quantas vezes os homens falam e ouvem essas palavras! Se você realmente pensar sobre isso, a mensagem é para parar de sentir, começar a fazer e cuidar dos problemas por conta própria. A mensagem sobrecarrega os homens com a necessidade de fazer tudo por conta própria e não precisar de ajuda. Nem da ajuda de Deus nem da ajuda dos outros. Também acredito no contrário. Somos totalmente masculinos quando sentimos e sofremos profundamente e nos conectamos com nossos anseios. Somos o melhor de nós mesmos quando reconhecemos nossa necessidade de Deus e dos outros. Eu o incentivaria a dissecar a frase "Seja homem!" quando estiver sozinho e com os meninos que estão sob sua responsabilidade. Converse sobre o que ela geralmente significa e como a mensagem é prejudicial e contraditória à sabedoria das Escrituras. Discuta a probabilidade de essa frase ter impactado as estatísticas assustadoras com relação ao bem-estar dos homens. Use-a como um ponto de partida para se aprofundar em uma vida voltada para Deus e para os outros.

Em minha igreja em Nashville, terminamos cada culto com uma oração. Nosso pastor explica a oração como uma bênção. Ele recita as Escrituras sobre nós como uma bênção antes de voltarmos para o mundo lá fora. Ele pede que mantenhamos as palmas das mãos para cima ao recebermos a bênção. Essa postura tem a intenção de nos lembrar de nossa necessidade de receber a bênção.

Também tem o objetivo de nos lembrar do que trazemos para a equação espiritual. Eu não acrescento nada e Jesus acrescenta tudo. Preciso de tudo o que ele tem para mim, e ficar com as palmas das mãos abertas é um lembrete dessa verdade a cada semana.

Aprendi que preciso desse lembrete mais de uma vez por semana. Por isso, oro todas as manhãs com as palmas das mãos abertas. Sentar-me nessa posição tem me ancorado diariamente nesse lembrete. Percebi que, quando minhas palmas estão abertas, minha mente parece estar mais voltada para o céu do que em uma posição curvada. Isso pode parecer trivial para você, mas para mim é importante.

Como homem, percebi quanto tempo gasto me preocupando com as coisas de uma forma que presume que elas estão apenas sob meu controle. Apesar de tudo o que sei ser verdade e de tudo o que acredito sobre quem Deus é e quem eu sou nele, posso viver menos como filho do Rei e mais como um órfão abandonado. Eu me comporto como se fosse o único responsável pelo sustento de minha família e como se tivesse de fazer isso sozinho.

Olhar para o céu me faz lembrar de que tenho uma herança. Isso também me faz lembrar de que tenho um chamado em minha vida. Como meus amigos Jay e Katherine Wolf disseram a seus filhos: "Deus o criou para fazer o que é difícil na missão que Ele está escrevendo para sua vida". [5]

Deus me criou para fazer coisas difíceis na missão. Não posso fazer o que é difícil sem o seu poder e força. Não posso olhar para os outros de forma eficaz se não olhar primeiro para Deus.

Acredito que todo menino precisa ouvir essas palavras. Ele precisa saber que é capaz de fazer aquilo que é difícil e que foi feito para fazer um bom trabalho. O propósito e o significado estão arraigados em quem somos como seres humanos.

Acredito que os homens estão em sua melhor forma quando estão em contato com o propósito. Os rapazes acessam quem foram criados para ser — e desenvolvem um senso saudável de poder e força — quando se deparam com um propósito.

Em 25 anos de trabalho, os garotos que mais vi enfrentarem dificuldades foram os que não tinham propósito. Mesmo os meninos que têm acesso a recursos incríveis. Se eles não tiverem um propósito, podem se perder no meio do caminho.

Acredito que é por isso que a mãe de Mister Rogers o desafiou a procurar os ajudantes quando ele via coisas assustadoras no noticiário. Isso o ancorava não apenas numa noção de esperança, mas também em significado e propósito. Ele podia apontar para pessoas fazendo coisas difíceis dentro de uma boa história. E compreender isso, de alguma forma, leva uma pessoa a ter significado e propósito.

Quando acreditamos que podemos ajudar alguém, ajudamos a nós mesmos. Quando os meninos podem ajudar os outros com propósito, eles aproveitam mais do que foram feitos para ser. Pode ser dar aulas particulares a um colega de classe em uma matéria em que ele é habilidoso ou ajudar a treinar o time de futebol de um irmão mais novo. Levar biscoitos para um vizinho idoso ou fazer um cartão para um parente doente. Trabalhar como voluntário em um abrigo de animais do bairro ou construir uma casa popular. Ter um emprego de meio período ou estagiar em uma organização sem fins lucrativos. Todas essas oportunidades o conectam ao movimento externo saudável em direção ao propósito.

Ele não está apenas procurando ajudantes, ele está se tornando um. Observe as situações nas quais você pode ajudá-lo a fazer conexões. Frederick Buechner escreveu: "O lugar para o qual Deus o chama é o lugar onde sua grande alegria e a fome profunda do mundo se encontram."[6] Os meninos precisam de apoio para discernir esse lugar. Nossas emoções podem ajudar a nos indicar esse lugar.

Acredito que a raiva é fundamental para a coragem moral. Se você sentir raiva quando assiste ao noticiário, permita que essa emoção o leve em direção à justiça e à misericórdia neste mundo. Ela está sinalizando onde, dentro de você, há um senso de valor pela justiça. Quando sentimos raiva, é mais provável que usemos nossa voz contra os erros deste mundo. Como você poderia tomar medidas para isso? Como poderia ajudar seu filho a perceber como os valores dele estão sendo expostos por meio de suas emoções?

Essa não é uma maneira diferente de ver e sentir raiva?

E quanto à tristeza? Perdi minha mãe por causa de um câncer há vários anos e senti uma enorme tristeza após essa perda. A tristeza me faz lembrar de que ela era uma das pessoas mais importantes do meu mundo e me leva a lembrar dela em palavras e deixar que esses sentimentos venham à tona. A tristeza faz parte do processo de luto. Evitar a tristeza bloquearia o processo de luto. Esse processo é vital para minha cura.

Perder minha mãe me transformou em um tipo diferente de amigo, pois acompanho outras pessoas que estão perdendo um dos pais. Estou mais sintonizado, mais compassivo do que nunca. Isso me levou a convidar outras pessoas a compartilhar lembranças e histórias. Isso abriu um espaço mais profundo de empatia em mim e me permitiu sentir mais dor e perda com pessoas que estão sofrendo.

Richard Rohr disse: "Se não transformarmos nossa dor, certamente a transmitiremos."[7] Ou, como diz o famoso ditado, pessoas feridas ferem pessoas. De acordo com as estatísticas compartilhadas no início deste livro, os homens são os mais vulneráveis a ferir as pessoas com sua própria dor. Acredito que os homens estão causando tanta dor por meio de vícios, infidelidade, suicídio e outros comportamentos prejudiciais, principalmente porque estão sofrendo uma dor que poderia ser aliviada por meio de buscar ajuda nos outros e em Deus. Os rapazes precisam saber que sua dor pode ser transformada em algo. Eles precisam saber que podem transformar a emoção em algo construtivo. Eles não podem fazer isso a menos que saibam o que é a emoção e aprendam a prestar atenção nela e a se mover em direção a algo útil. Eles precisam ver evidências nos adultos ao seu redor de como canalizar a emoção para os outros e para Deus.

As emoções indicam o que é importante para nós e do que precisamos. As emoções não devem ser temidas, mas compreendidas. Não devem ser evitadas, mas aceitas. Elas fazem parte de como Deus nos criou. São uma das maneiras pelas quais ele nos permite conectar com nossa necessidade dele e dos outros. Nosso trabalho é identificar o equilíbrio do movimento interno e externo. O movimento externo é o que nos conecta mais com o propósito e o significado neste mundo. É o que nos permite fazer coisas difíceis em uma boa história e oferecer esperança a um mundo ferido.

> Que o Deus da esperança os encha de toda alegria e paz por crerem nele, para que vocês transbordem na esperança e no poder do Espírito Santo.
>
> Romanos 15:13

Práticas intencionais

1. Use os diagramas. Use os diagramas deste capítulo para ajudar os meninos a fazerem algumas conexões entre buscar Deus e os outros. Peça-lhes que deem exemplos de cada um deles como forma de avaliar sua compreensão dos conceitos. Você também pode compartilhar um exemplo pessoal.

2. Contextos externos. Identifique três contextos de atividades e conversa (caminhadas, passeios de bicicleta, passear com o cachorro etc.) que proporcionariam um espaço para uma boa conversa.

3. Escrever no diário. Considere a possibilidade de escrever em um diário com perguntas ou sugestões como uma forma de ajudá-lo a articular algumas coisas que podem ser mais difíceis de abordar. Você pode fazer isso por meio de fotos com os meninos que são muito jovens para escrever.

4. O experimento da mochila. Siga as instruções para as etapas do experimento da mochila para ajudar os meninos a terem uma experiência concreta de como é carregar pensamentos, emoções e experiências e como isso serve de barreira nos relacionamentos.

5. Encontrar um propósito. Leia a citação de Buechner para ele e converse sobre o que ela significa. Ajude-o a começar a fazer conexões com o fato de Deus colocar fardos e necessidades específicas nele como uma forma de conduzi-lo ao seu chamado. Ajude-o a identificar uma dessas necessidades agora e como ele poderia transformá-la em um propósito. Compartilhe um exemplo pessoal de sua própria vida por meio de trabalho, voluntariado ou serviço.

CAPÍTULO 9

HÁBITOS E PRÁTICAS

Ao final de cada ano letivo, converso com os meninos e os pais sobre a temporada do verão. Acredito que o verão oferece um espaço único para que os meninos cresçam e se desenvolvam fora das restrições do calendário acadêmico. Há uma infinidade de oportunidades disponíveis para meninos de todas as idades. Desde acampamentos de verão até férias em família. Empregos de meio período a oportunidades de voluntariado. Do desenvolvimento de novas habilidades ao aprimoramento das antigas. Saraus e fins de semana sem smartphones. De aventuras ao ar livre a estágios em ambientes fechados. É divertido sonhar com as famílias sobre como usar esses meses de forma consciente e intencional.

Sempre pergunto aos meninos que tipo de verão eles esperam ter. De vez em quando, ouço a respeito de aprender uma nova habilidade, conseguir um emprego de meio período, estabelecer uma meta para o verão ou iniciar um novo negócio. Muitas vezes, recebo exatamente a mesma resposta...

Quero um verão tranquilo.

Depois de ter ouvido essa resposta mais de mil vezes, não preciso perguntar o que ela significa, mas sempre pergunto. Tenho a tendência de ouvir uma gama do mesmo tema repetidas vezes.

Quero um tempo de descanso.

Não quero fazer nenhuma tarefa.

Quero dormir o mais tarde possível.

Não quero um toque de recolher.

Quero todo o tempo do mundo para ficar usando meu smartphone.

Não quero ter nenhuma responsabilidade.

Eu só quero sair.

Não quero receber ordens.

Por um lado, eu entendo os pedidos. Serei o primeiro a defender que um garoto tenha a oportunidade de recuperar o fôlego. Quando reflito sobre tudo o que sei sobre o quanto os meninos se esforçam para manter o foco e ficar quietos durante todo o ano letivo, para dar o melhor de si na experiência acadêmica, sou totalmente a favor de que tenham um tempo de ócio e saiam desse nível de expectativa e exigência.

É verdade é que a maioria dos meninos não é autorrealizada o suficiente para estruturar bem seu tempo. Deixados por conta própria, eles passariam horas intermináveis nas telas do smartphone, dormiriam até o meio-dia, ficariam acordados até tarde da noite, comeriam *junk food* e evitariam todas as tarefas e responsabilidades. Nenhum desses hábitos os beneficiaria. Na verdade, poderíamos facilmente argumentar que menos sono, mais telas, menos responsabilidade e mais *junk food* os transformariam em monstros. Se tornariam a pior versão de si mesmos.

Como acontece com a maioria das coisas na vida, trata-se de encontrar o equilíbrio. Como podemos reduzir as expectativas do ano acadêmico e garantir que ele ainda tenha as responsabilidades necessárias para o desenvolvimento integral? Como podemos permitir que ele durma até mais tarde e não fique acordado até as três da manhã? Como podemos desfrutar de um ritmo mais lento e ainda assim ter estrutura?

Como os meninos têm dificuldades para alcançar essas metas, precisará de nossa contribuição, supervisão e envolvimento. Eu certamente incluiria dar-lhes voz na equação. Sente-se antes do verão e converse sobre todas as opções – acampamentos, férias, trabalho, tarefas, descanso, exercícios, tecnologia e metas. Ajude-os a estabelecer algumas metas para o verão. Volte a tudo o que discutimos anteriormente no livro sobre como torná-las mensuráveis e gerenciáveis. Ajude-os a ter uma visão das coisas que eles querem e dos lugares em que precisam crescer. Discuta os ritmos, as expectativas e as necessidades da família. Considere a possibilidade de redigir um contrato para o verão que defina suas expectativas e as liberdades. Deixe tudo claro, concreto e conciso.

Planeje um calendário em que seu filho possa ver as semanas em que estará fora da cidade para experiências inusitadas e as semanas em que estará em casa. Os meninos se beneficiam de ter uma ferramenta visual para comunicar o equilíbrio de todas essas coisas. Ao procurar oportunidades de trabalho e voluntariado, ajude-o a articular suas áreas de maior interesse e deixe que isso sirva de guia em sua pesquisa para investir bem o tempo.

Sobretudo, não espere que ele demonstre um grande interesse ou entusiasmo nesse processo. Alguns garotos apreciarão o fato de terem essa participação no verão. Muitas vezes ouço os meninos dizerem: "Minha mãe programou todo o meu verão e eu nunca pude dar minha opinião" ou "Odeio o quanto fiquei fora no verão. Gostaria de ter ficado mais tempo em casa". Envolvê-lo no planejamento pode reduzir algumas dessas opiniões negativas.

No final do dia, a "estrutura" dessa abordagem provavelmente será uma exigência e uma expectativa, e tenha em mente o que ele deseja em um verão "tranquilo". Diga-lhe que esse tipo de planejamento é um campo de treinamento para que ele saiba como estruturar o tempo de inatividade e o tempo livre no futuro como adulto. Embora ele não consiga fazer essa conexão agora, é bom ouvi-la.

Muitas vezes, ouço os pais dizerem coisas como: "Ele não está interessado em planejar o verão comigo" ou "Eu continuo falando sobre o verão e ele continua evitando". Muitas vezes estamos esperando que os meninos cheguem a algum lugar ao qual não conseguem chegar por conta própria. Volte a priorizar o caráter dele em detrimento da felicidade. Essa é a razão pela qual oferecemos a estrutura que ele desconhece.

O prato da mente saudável

Exatamente o mesmo processo pode ser usado com meninos ao pensar nas semanas ou nos fins de semana. A longa jornada de desenvolvimento de estrutura e ritmos, hábitos e práticas constrói uma habilidade para a vida da qual ele vai precisar e à qual recorrer durante todo o desenvolvimento. Ao fazer um brainstorming com os meninos sobre essas ideias, incentivo os pais a usarem uma ferramenta chamada Healthy Mind Platter [o prato da mente saudável]. Ela foi criada pelo dr. Daniel J. Siegel, diretor executivo do *Mindsight Institute* e professor clínico da Faculdade de Medicina da UCLA, em colaboração com o dr. David Rock, diretor executivo do *NeuroLeadership Institute*.

Lembre-se da pirâmide alimentar que você estudou na escola primária. Ela nos lembrava dos alimentos que todos nós deveríamos incluir em nossa dieta diária para otimizar a saúde física. O prato da mente saudável tem sete atividades essenciais diárias necessárias para otimizar a saúde mental. As atividades incluem tempo de concentração, diversão, conexão, tempo físico, tempo em casa, descanso e tempo de sono. Essas sete atividades diárias constituem os "nutrientes mentais" de que seu cérebro precisa para funcionar da melhor forma possível.

Há um documento online fácil de encontrar que explica as sete atividades com ideias sobre como integrá-las no dia a dia, criando mais equilíbrio.[1] Toda família se beneficiaria se imprimisse a lista e conversasse sobre como aborda e desfruta cada uma das sete atividades e quais são as mais difíceis e as mais fáceis de integrar no dia a dia. O Prato da Mente Saudável pode ser uma ótima ferramenta para desenvolver metas à medida que você trabalha para alcançar o equilíbrio e incorporar os hábitos e práticas as saudáveis.

Novas formas de viver

A saúde física, emocional, relacional e espiritual não acontece por acaso. Temos de criar hábitos e práticas que apoiem o bem-estar. É de grande importância criar hábitos em todas as quatro áreas. Quando faço exercícios de definição de metas com os meninos em meu escritório, sempre peço que criem metas mensuráveis e gerenciáveis em cada categoria. Durante o ano letivo, peço aos meninos que criem metas acadêmicas e esportivas e, durante o verão, as metas serão relevantes para aquela temporada.

Discutimos não apenas a importância de tornar as metas mensuráveis e gerenciáveis, mas também como os hábitos e as práticas diárias nos levam em direção às metas que queremos atingir. Lembro os meninos de que todos nós somos capazes de ter ótimas ideias, mas a maioria das pessoas não as implementa. Não pensamos em novas maneiras de viver. Vivemos em novas formas de pensar.

Os meninos parecem se apegar a essa lógica porque são orientados a agir. Eles são ótimos solucionadores de problemas. Eles simplesmente precisam de apoio para colocar essas ideias em prática.

Falamos sobre hábitos que não lhes servem mais – práticas que não funcionaram ou que, às vezes, não foram praticadas o suficiente para funcionar. Envolvo essa força de resolução de problemas, ajudando-os a eliminar ideias antigas e substituí-las por novas. Falamos sobre como os hábitos e as práticas são disciplinas que fortalecem o corpo, a mente e a alma. Converse com seu filho sobre esses hábitos e práticas como formas de viver o chamado de Mateus 22:37: "Ame ao Senhor, o seu Deus, com todo o seu coração, com toda a sua alma e com todo o seu entendimento". Não podemos viver esse chamado enquanto não tivermos hábitos e práticas em vigor.

Com relação às práticas que não foram aprendidas o suficiente, já vi muitos meninos ficarem presos nesse ponto. Nesta semana, encontrei-me com um garoto de 12 anos que tem um longo padrão de gritar com seus pais e com a irmã. Quando está emocionalmente sobrecarregado, ele sempre joga fora ou quebra as coisas. Em seu pior episódio, ele chegou a empurrar sua mãe. Esse incidente fez com que seus pais pedissem ajuda. Ele vinha se debatendo há anos, mas nunca havia chegado a esse ponto. Seus pais estavam compreensivelmente preocupados com o fato de ele estar entrando na puberdade e essa mudança trazer consigo um tsunami biológico, uma intensidade emocional e uma complexidade relacional.

Enquanto compartilhavam suas observações, seus pais acompanharam o histórico de desenvolvimento das cólicas, dificuldades para dormir, obstáculos sensoriais e birras desde que ele era um bebê. Ele já havia consultado um terapeuta ocupacional, um terapeuta alimentar, um nutricionista e um orientador escolar. Havia muitas evidências de como esse jovem teve dificuldades para lidar com o desconforto em relação a alimentos, texturas, transições, relacionamentos e emoções. Seus gatilhos eram facilmente acionados e ia de zero a cem quilômetros por hora em questão de segundos.

Falamos sobre estabelecer um nível de expectativa razoável. Discutimos como a repetição dos mesmos padrões de pensamento e de comportamento ao longo do tempo pode criar caminhos mentais que nosso cérebro adota automaticamente no futuro. É como percorrer o mesmo caminho do trabalho para casa todos os dias. Isso se torna tão familiar que quase conseguimos percorrer o caminho dormindo. Esse jovem vinha disparando e conectando caminhos neurológicos para lidar com o desconforto das explosões por mais de uma década.

A boa notícia é que a estrutura do nosso cérebro pode mudar. Sempre neuroplasticidade. Basta ter hábitos e prática. Lembrei esses pais que a prática leva ao progresso, não a perfeição. Não estamos buscando virar a noite ou o dia, ou uma volta completa. Estamos começando com uma mudança lenta que inclui muita prática.

A mãe do menino acrescentou que, há um ano, ele fez uma profissão de fé e pediu para ser batizado. Após esse evento, ele teve um breve período de alívio, mas depois seus ataques de raiva voltaram. Ele "aceitou a Jesus" mais três vezes e uma vez perguntou à sua mãe se o pastor havia o imergido suficiente na água para "fazer o batismo funcionar". Percebe o que estava acontecendo? Ele estava 100% convencido de que sua profissão de fé e batismo mudariam seu comportamento.

Seus pais tiveram conversas maravilhosas com ele, tentando orientá-lo em relação a alguns conceitos abstratos, apesar de seu pensamento concreto. Eles explicaram o que as Escrituras querem dizer quando falam sobre a batalha entre o espírito e a carne. Dissecaram as palavras de Paulo sobre fazer o que eu não quero fazer e não fazer o que eu quero fazer.

Eles também lembraram ao filho, de forma sábia e maravilhosa, que ele desempenhava um papel importante nessa equação. Sim, sua decisão significava que o Espírito vivia dentro dele, mas, assim como ele tinha de tomar as decisões diárias para dormir o suficiente, comer alimentos nutritivos e fazer exercícios para que seu corpo fosse saudável, ele tinha de desenvolver hábitos semelhantes para sua saúde emocional.

Sua mãe foi um pouco mais longe e falou sobre o avô que o menino nunca havia conhecido.

Ela lhe disse que o avô ia à igreja todas as semanas de sua vida e conhecia grande parte das Escrituras, mas também gritava com os membros de sua família e abusava de sua avó. Ela comentou que ele teria se descrito como espiritualmente maduro, e ela o teria descrito como emocionalmente insalubre. Ela continuou falando sobre o significado de "Este povo me honra com os lábios, mas o seu coração está longe de mim" (Mateus 15:8).

Ela usou isso como um ponto de partida para falar mais sobre aconselhamento e para que toda a família obtivesse novas ideias sobre como lidar com o desconforto, seja ele uma mudança inesperada de planos, novos alimentos na mesa de jantar, as frustrações com um irmão ou a hora de desligar o celular. Ela o lembrou de que eles já haviam tentado muitas coisas juntos, e nenhuma delas parecia funcionar bem. Estava na hora de ter novas ideias e um novo "orientador".

Cachorro velho, novos truques

Adicionar um novo "orientador" à equação é, em última análise, pedir ajuda – algo que já discutimos e que a pesquisa confirma ser difícil para os homens. Temos de treinar os meninos nesse sentido, pois isso simplesmente não é instintivo. Precisamos dar o exemplo constantemente para os meninos.

Muitos meninos crescem ouvindo suas mães falarem sobre o envolvimento de amigos, conselheiros e diretores espirituais. Poucos meninos ouvem os homens de seu círculo de convivência falarem sobre como fazer isso e sobre todos os benefícios de pedir ajuda. Simplesmente não podemos ter mais controle dessa prática se quisermos mudar a maré das estatísticas alarmantes compartilhadas anteriormente no livro. Os meninos precisam ouvir e ver as evidências de homens pedindo ajuda.

Da mesma forma, eles precisam ver os homens como estudantes, aceitando a ideia de que sempre temos mais a aprender. Sempre há espaço para crescer. Simplesmente não sabemos tudo, e precisamos de professores, treinadores, pastores e orientadores ao longo de nossa vida. Certa vez, ouvi um pastor dizer: "Eu prego o evangelho para mim mesmo todos os dias porque me esqueço dele todos os dias". Ele chamou essa realidade humana de "amnésia do evangelho". Apesar da evidência de termos sido adotados como filhos e filhas do Rei, vivemos, pensamos e agimos como órfãos.

Quando os meninos veem os homens que os cercam ainda aprendendo, lendo, crescendo e desejando mudar, eles se permitem ter essa necessidade. Eles param de acreditar que há um prazo quando se tornam um ser humano totalmente desenvolvido aqui na terra e veem o céu como o único prazo, a última meta.

Portanto, também contrariamos o ditado que diz que pau que nasce torno nunca se endireita. Assim como o garoto de 12 anos havia desenvolvido caminhos neurológicos para padrões de volatilidade, ele pode desenvolver novos. Nós, como pais, podemos desenvolver novos padrões. É possível endireitar um pau torto.

É importante entender seus gatilhos e tendências específicos. Por exemplo, todo mundo que me conhece sabe que eu gosto muito de doces. Penso em doces 24 horas por dia, 7 dias por semana (sim, até enquanto durmo). Tenho vontade de comê-los o tempo todo. Minha esposa está convencida de que sou o único homem que come sempre "sobremesa no café da manhã". Posso facilmente comer ovos e bacon com pãezinhos de canela, muffins, pão de banana e waffles.

Anos atrás, ouvi algo no noticiário sobre a leptina, o hormônio que diz à sua mente para parar de comer (sinal de saciedade). Estou 100% convencido de que tenho 0% desse hormônio, pois nunca me sinto saciado e estou sempre pensando na próxima refeição.

A notícia sugeria que, ao excluir os alimentos processados, seria possível melhorar a sensibilidade à leptina e, assim, induzir uma melhor produção dos hormônios da saciedade no organismo. Decidi tentar. Ao alterar algumas coisas em minha dieta (por recomendação de um cardiologista), desenvolvi algumas novas práticas, incluindo a eliminação de determinados alimentos, não comer tarde da noite e trocar as guloseimas por caminhadas pela vizinhança. Ou seja, estou comendo menos e caminhando mais. Adoraria dizer que estou sentindo menos desejo, mas a verdade é que eu poderia comer seis pãezinhos de canela neste exato momento.

Nossas tendências podem não mudar, mas nossas práticas podem. Constantemente falo sobre isso com crianças que lutam contra a ansiedade. É compreensível que todas as crianças queiram que ela desapareça e nunca mais volte. A realidade é que elas podem sempre lutar contra a ansiedade até certo ponto, mas podem desenvolver habilidades e estratégias para conviver com ela. Certa vez, fiz uma sessão familiar com uma mãe solteira e seu filho de nove anos. Ela havia lutado contra a ansiedade durante a maior parte de sua vida e começou a reconhecer os sinais em seu filho no início de sua vida. Ela disse ao filho o quanto era grata pelo aconselhamento e o quanto ele a havia ajudado. "Se você tiver de lidar com a ansiedade por muito tempo, como eu fiz, quero que você possa lançá-la para Deus". Adorei a frase "lançá-la para Deus". A ideia de que o filho dela poderia desenvolver habilidades e estratégias que lhe permitiriam carregar o problema por toda a vida. E que ele nunca está sozinho. Ele sempre teria Deus ao seu lado para suportar qualquer ansiedade que sentisse.

As quatro categorias

Ao pensar em desenvolver hábitos e práticas, é bom começar com o trabalho geral e o específico. Cada pessoa tem ambos. Poderíamos definir o trabalho geral nas quatro categorias que mencionei anteriormente – física, emocional, relacional e espiritual. Um modelo fácil que poderíamos usar para nós mesmos e para os rapazes que amamos é o seguinte:

1. Identificar o trabalho
2. Definir metas
3. Desenvolver hábitos e práticas

Vamos começar com o físico. Se o trabalho geral nessa categoria fosse permanecer ativo para manter a saúde e a longevidade, eu poderia estabelecer uma meta de me exercitar três vezes por semana. Um hábito poderia ser definir um lembrete no iCal (um aplicativo de calendários e lembretes), ou em seu aplicativo de calendário específico nos dias em que eu tiver mais tempo para fazer isso. Outro hábito poderia ser enviar uma mensagem de texto a um amigo e planejar uma corrida. As ideias podem ser infinitas.

1. Manter-se ativo.
2. Exercitar-se três vezes por semana.
3. Definir lembretes no calendário.

O trabalho específico nessa categoria pode incluir qualquer coisa, desde uma meta única, como correr uma maratona ou um triatlo, até mesmo a recuperação de uma cirurgia ou lesão e fazer fisioterapia.

Vamos dar uma olhada em alguns trabalhos espirituais. O teólogo Tim Muldoon diz,

> Ignatius escreveu (...) a espiritualidade é uma prática, um esforço regular por meio do qual construímos nossa vida com base no amor de Deus – para alinhar nossa vida de acordo com o plano de Deus para nós. Seu foco, portanto, não é primordialmente nós mesmos, mas, sim, Deus. Ao chamar suas práticas espirituais de "exercícios", Inácio procurou sugerir algo sobre como as abordamos: como empreendimentos que devemos repetir várias vezes para progredir lentamente em direção a uma meta. Podemos, portanto, ver os exercícios espirituais como uma parte da manutenção regular da alma. Se os praticarmos, teremos a chance de conhecer Deus de modo mais íntimo e de conhecer a vontade do Senhor para nós.[2]

Sinto-me atraído pela frase "construir nossa vida com base no amor de Deus". Se eu me dedicar a edificar minha vida sobre o amor de Deus, isso se refere ao trabalho e à manutenção regular que quero fazer. Não é um trabalho que eu tenha de fazer para ganhar o amor de Deus. Esse trabalho está terminado e completo. Esse é o trabalho que aprofunda minha compreensão de seu amor e me leva a uma intimidade mais completa com ele.

Vários hábitos que criei ao longo dos anos me mantêm alinhado com esse importante trabalho. Tenho uma cadeira em minha casa onde começo todas as manhãs. Tenho uma cesta ao lado dela com minha Bíblia, meus óculos de leitura (um sinal da minha idade) e uma vela decorativa que acendo todas as manhãs para iniciar esse tempo, e gosto de uma boa xícara de café. O fato de ter identificado o espaço e todos os meus pertences em um só lugar me tornou mais persistente nesse momento. Aguardo ansiosamente a primeira xícara de café todas as manhãs, e o fato de ancorá-la nessas práticas melhorou meu exercício espiritual matinal.

1. Construir minha vida com base no amor de Deus.

2. Ler, orar e escrever em um diário.

3. Servir a primeira xícara de café antes do horário.

O trabalho específico nessa área para um rapaz pode incluir a leitura da Bíblia em um ano, o estudo de um livro específico ou talvez frequentar a igreja e se matricular nas aulas de crisma.

Para mim, um exemplo de trabalho relacional poderia ser cultivar meu casamento por meio do tempo que passamos juntos. Minha esposa e eu trabalhamos fora de casa e criamos três filhos que estão ativamente envolvidos na escola e nos esportes. Escrevo e viajo como parte de meu trabalho e, se combinarmos todos esses ingredientes, dá para perceber que passar tempo juntos é um grande desafio. Aprendemos da maneira mais difícil, como muitos casais, que o tempo juntos não acontece sem esforço e planejamento. Temos de programá-lo da mesma forma que programamos as idas ao supermercado, os exercícios e as tarefas diárias. Isso pode parecer um pouco mecânico para você, mas simplesmente não acontecerá com persistência a menos que seja planejado.

Moramos em uma casa pequena com três adolescentes, e ter conversas particulares pode ser um pouco difícil. Quando nossos filhos eram pequenos, eu ia jantar mais tarde, depois que todos iam para a cama, e fazíamos um piquenique na sala de estar. Contratávamos babás quando o orçamento permitia e éramos criativos em diferentes fases. Quando eles já tinham idade suficiente para ficar em casa sozinhos, saíamos para jantar sem o custo de uma babá ou tomávamos café no sábado de manhã.

Como ambos queremos nos manter ativos e saudáveis, costumamos fazer caminhadas em nossos parques locais ou, se estivermos com pouco tempo, simplesmente caminhamos em nossa vizinhança. Fazemos caminhadas de uma hora e aproveitamos o tempo juntos enquanto nos exercitamos.

1. Cultivar meu casamento.
2. Passar um tempo sozinhos, pelo menos uma hora por semana.
3. Caminhar pela vizinhança todo domingo à tarde.

Muitos rapazes com quem trabalho são bastante disciplinados e apaixonados pelo trabalho físico, embora os smartphones tenham desviado grande parte do interesse e do investimento nessa área nas últimas décadas. Os meninos que vêm de famílias com muita fé geralmente têm hábitos para desenvolver seus músculos espirituais. Na adolescência, a motivação geralmente diminui e é parte do motivo pelo qual os rapazes precisam de um grupo de rapazes com o mesmo propósito para manter o ânimo – grupo de jovens, *D-Group*, *Young Life* ou algum tipo de ministério no campus.

É provável que os meninos sejam menos engajados, invistam pouco e sejam menos intencionais em seus relacionamentos e emoções do que as meninas. Eles tendem a dar menos prioridade a esses aspectos, se é que dão alguma prioridade. Há uma grande chance de precisarmos trabalhar mais nessas categorias para ajudá-los a desenvolver os músculos sociais e emocionais mais fracos.

Vamos trabalhar com a clássica questão da repressão (ou erupção) versus expressão. Deixe que o trabalho se enquadre no conceito de trabalhar as emoções. A meta a ser alcançada poderia ser menos se isolar ou ter uma crise de raiva. Os hábitos podem incluir escrever um diário, fazer caminhadas para falar sobre as frustrações, usar o ambiente espaçoso ou pendurar a Lista das Cinco melhores ideias em um local de fácil acesso.

1. Trabalhar com as emoções.
2. Parar de gritar ou jogar objetos quando estiver frustrado.
3. Vá para o ambiente espaçoso pelo menos cinco minutos quando estiver emocionalmente sobrecarregado.

O exercício em questão pode ter a ver com o padrão de um filho ao discutir com a mãe quando o cronômetro está ativo para indicar o fim da atividade.

Perceba que o tema da atividade é mais um panorama geral. A meta é ser mensurável e gerenciável. E os hábitos são passos diários ou semanais em direção à meta que está ligada ao panorama. Trata-se sempre de dividir as coisas em etapas concretas para os meninos que amamos. Os meninos ficam presos às ideias e têm dificuldades em colocá-las em prática. O uso de uma tabela como essa pode ajudar os meninos a desenvolverem as habilidades de definição de metas, além de desenvolver hábitos e práticas saudáveis.

Práticas individuais

Vamos dar uma olhada em outros exemplos de hábitos e práticas para meninos, desde bebês até adolescentes, enquanto pensamos no desenvolvimento dentro das quatro categorias.

Estou trabalhando com um menino do ensino fundamental que está tentando correr quase 2km todos os dias durante noventa dias. Ele estabeleceu uma pequena meta com seus pais no trigésimo dia, uma meta um pouco maior no sexagésimo dia e uma viagem para um parque aquático com seu pai se ele atingir meta dos noventa dias. Atualmente, ele está no sexagésimo segundo dia e estou torcendo por ele. Ele consegue ressaltar tudo o que a corrida está conquistando para ele. Ele tem plena consciência de que o fato de poder extravasar todos os dias o ajuda emocionalmente. Ele está descobrindo de modo sábio que precisa ter horários específicos do dia para correr ou simplesmente não será capaz de correr.

Ele incluiu a meta na categoria espiritual, caminhar por dez minutos após finalizar seus 2km e orar enquanto se exercita. Gostei de ouvi-lo falar sobre as conversas que ele tem com Deus enquanto desaquece. Ele chama isso de conversas com Deus durante o desaquecimento.

Trabalho com um aluno do nono ano que é novo no time de futebol americano e sabe que é o de estatura mais baixa no totem quando se trata do tempo do jogo. Ele estabeleceu uma meta pessoal de praticar força e condicionamento quatro dias por semana na esperança de ser notado pelo técnico. Ele também está ciente de como fica mais controlado emocionalmente quando está treinando com persistência. Isso se tornou um panorama para ele entender mais sobre a fisicalidade de suas emoções.

Um garoto do ensino médio que conheço tentou matar dois coelhos com uma cajadada, ao praticar exercícios na bicicleta ergométrica da mãe enquanto fazia sua leitura de verão durante trinta minutos por dia. Ele também adora andar de bicicleta ao ar livre, mas faz metade de suas pedaladas em ambientes fechados para cumprir uma exigência da escola da qual não gosta tanto. Ele acha mais fácil ler quando suas pernas estão em movimento.

Um garoto do ensino fundamental, que tem o hábito de interromper, estabeleceu a meta relacional de sempre deixar sua irmã contar primeiro seu dia na mesa de jantar para praticar a escuta antes de falar. Um garoto do ensino médio estabeleceu como meta relacional deixar que sua irmã escolhesse a música durante o trajeto para a escola, pois antes ele tinha a regra "meu carro, minha música", o que ele entendeu ser algo bem egoísta.

Um garoto do ensino médio estabeleceu uma meta emocional de criar um sinal visual para seus pais quando ele se torna argumentativo e entra no rumo que o leva a ficar sem seu celular como castigo. Quando a mãe ou o pai toca os lábios, ele se lembra de que está transformando uma conversa em uma discussão e vai direto para o quarto verificar sua lista das cinco melhores ideias.

Uma criança cujos pais eu acompanho está mantendo uma tabela de sentimentos na mesa da sala de jantar, e todos os membros da família leem a tabela durante o jantar e escolhem os dois sentimentos que mais tiveram naquele dia.

Outra criança tem uma mãe solteira que se dedicou a uma prática diária chamada de "a reunião matinal". Ela está trabalhando para ajudar seu filho e sua filha a aprenderem a identificar a diferença entre desejos e necessidades. Todos os dias, após o café da manhã, os três se sentam em círculo e conversam sobre o dia. Eles começam com a tabela de sentimentos. Em seguida, cada membro identifica um aspecto que deseja e um que precisa. Uma necessidade pode ser um tempo a sós no quarto ou um tempo com a mãe. Um desejo pode ser construir um forte, fazer picolés caseiros, ir ao zoológico ou ficar acordado quinze minutos depois do horário habitual de dormir.

Um adolescente com quem trabalho acabou de ter acesso à mídia social. Ele teve de assinar um contrato descrevendo os termos do uso responsável. Seus pais se preocupavam com a rapidez com que ele deixa escapar o que está pensando e dá conselhos não solicitados aos outros. Eles exigiram que ele memorizasse 1 Tessalonicenses 4:11, "Esforcem-se para ter uma vida tranquila, cuidar das coisas que lhes dizem respeito" como uma forma lembrá-lo de que não é da sua conta corrigir as opiniões das pessoas online ou comentar sobre qualquer coisa da qual ele discorde. Eles estão usando esse versículo para ensiná-lo que a mídia social é a pior plataforma para discordar de outras pessoas devido à falta de proximidade e relacionamento.

Um garoto de nove anos está tentando dormir sozinho durante a noite em sua própria cama. Ele tem a tendência de adiar a hora de dormir, pedir seis copos de água e depois ir para o quarto dos pais toda vez que não consegue pegar no sono facilmente. Suas práticas são o relaxamento muscular progressivo e o jogo de contagem, à medida que ele aprende a acalmar a mente e o corpo à noite.

Um menino de cinco anos de idade, que seus pais descrevem como o comedor mais exigente do mundo, está aprendendo a lidar com o desconforto na hora das refeições por meio da exposição habitual a novos alimentos e do diálogo durante o jantar com sua família.

Um garoto de onze anos altamente competitivo está trabalhando para gostar de praticar esportes com os amigos e se lembrar de que é apenas uma partida amistosa e não o Super Bowl. Ele pratica a respiração profunda e caminha pelo campo quando sente os sinais e os alarmes disparando dentro dele, o que poderia acabar em uma explosão de raiva.

Uma criança de oito anos está trabalhando a reciprocidade no relacionamento. Seus pais lhe disseram que ele interrompe com frequência, fala por cima dos outros nas conversas e tem dificuldade em deixar que seus amigos escolham o jogo ou a atividade que gostam. O trabalho é pensar nos outros mais do que em si mesmo, e a prática envolve fazer perguntas mais do que dar sugestões.

Práticas familiares

Assim como estamos desenvolvendo os hábitos e as práticas e nossos filhos estão fazendo o mesmo, considere a possibilidade de incluir algumas práticas diárias, semanais, mensais, trimestrais e anuais em família.

Trabalho com uma família que ora diariamente pela pessoa que está sentada à sua esquerda na mesa do café da manhã. Se o pai está viajando a trabalho, ele tenta usar o FaceTime para manter esse hábito diário com a esposa e os filhos.

Trabalho com outra família que, todas as noites, durante o jantar, relata os pontos altos e baixos do dia e os sentimentos em relação aos eventos que ocorreram.

Uma família com adolescentes escolhe uma refeição de fim de semana em que todos estejam em casa e cozinhem juntos. Em seguida, há uma breve reunião familiar para falar sobre os próximos eventos, mas também é um ponto de encontro para toda a família com agendas bem cheias.

Duas famílias divorciadas às quais presto consultoria têm uma noite da pizza caseira sempre programada, seguida de filmes e bate-papo. Elas estão usando de modo sábio os filmes como oportunidades para desenvolver o pensamento crítico.

Uma mãe solteira que conheço, com filhos pequenos, permite que cada filho tenha uma "festa do pijama" em seu quarto uma vez por mês. Eles escolhem a noite do fim de semana, e esse hábito tem sido algo que cada criança espera ansiosamente todos os meses.

Várias famílias que eu vejo têm um domingo sem smartphones uma vez por mês, quando ninguém da família olha para uma tela por vinte e quatro horas. Essa prática foi criada para promover diálogo, conexões, descanso e recarregar as energias.

Várias famílias com as quais trabalhei ao longo dos anos têm o hábito de passar um tempo com cada filho uma vez por trimestre. Pode ser um evento de um dia inteiro ou uma noite. Muitas vezes, eles não saem da cidade, mas podem se hospedar em um hotel local e aproveitar a piscina, pedir pizza e assistir a filmes no quarto. Esse hábito permite que os pais tenham um tempo individual focado, o que pode ser difícil de conseguir ter com vários filhos.

Quatro famílias com crianças pequenas se unem uma vez por trimestre para entregar alimentos às famílias carentes. Eles encaixotam os alimentos em uma doação local e, em seguida, fazem uma caravana juntos pelas casas da cidade, permitindo que seus filhos tenham contato desde cedo com a atividade de suprir as necessidades em sua própria cidade.

Muitas famílias que conheço planejam uma viagem anual com a família extensa e criam caças ao tesouro com os primos. Esse hábito continuou até os anos da faculdade dos filhos, e eles ainda esperam ansiosamente por essa tradição.

Uma família intencional com a qual trabalho dá a cada um de seus filhos cem dólares no Natal para doar a uma organização sem fins lucrativos de sua escolha. A exigência é que eles recebam o presente pessoalmente e se conectem com a organização por meio de algum tipo de voluntariado ou educação. Eles querem que a experiência envolva conexão e significado.

Outra família participa de uma viagem missionária local todos os anos. Eles não saem dos limites da cidade, mas simplesmente se voluntariam como família em alguma função, na esperança de que a prática lembre seus filhos das necessidades que existem ao seu redor.

Como discutimos ao longo deste livro, as crianças aprendem mais com a observação do que com a informação. Os meninos aprendem por experiência própria e fazem suas melhores conexões por meio de ações. Esses hábitos e práticas estabelecem a base não apenas para o crescimento físico, emocional, relacional e espiritual, mas também para estabelecer conexões significativas e desenvolver habilidades valiosas para a vida.

Considere as diferentes ideias apresentadas neste capítulo para desenvolver as práticas individuais e familiares. Pense exclusivamente em quem é o seu filho e onde ele mais precisa crescer. Pense exclusivamente nos ritmos de sua família. Onde você poderia incluir novas práticas diárias, semanais, mensais, trimestrais ou anuais? Talvez uma das ideias deste capítulo ou talvez uma nova ideia com base em sua compreensão de quem ele é e do que ele precisa.

Continue recorrendo à sabedoria de falar menos sobre o que você quer para ele e abrir a porta da oportunidade para que ele se desenvolva nesse espaço de forma empírica.

Práticas intencionais

1. Avalie o verão. Use o verão como uma estrutura para ajudá-lo a desenvolver habilidades de gerenciamento de tempo — metas de brainstorming, planejamento de tempo ocioso, definição de metas e formação de hábitos e práticas.
2. O prato da mente saudável. Faça o download dessa valiosa ferramenta. Defina os sete "nutrientes" e faça um brainstorming de ideias concretas para cada um deles.
3. Enquadre as quatro categorias. Ajude os meninos a criar uma estrutura em torno da saúde física, emocional, relacional e espiritual. Identificar o trabalho, estabelecer metas e formar hábitos nessas quatro áreas os beneficiará por toda a vida.
4. Avalie as quatro categorias. Defina um horário no calendário para revisar o trabalho, as metas e os hábitos, como uma avaliação de desempenho. Explique que essa prática é algo que ele talvez fará durante toda a sua vida profissional.
5. Leia Mateus 7:24-27. Fale sobre essa parábola e como a equação de trabalho, metas e hábitos está relacionada à construção de um alicerce sólido.

CONCLUSÃO

SEGUINDO EM FRENTE

Anos atrás, fui a um jogo de futebol americano do ensino médio com meus filhos. Estávamos sentindo os odores de uma noite de sexta-feira de outono, o rugido estrondoso quando os jogadores entraram em campo pela primeira vez e os sons de uma comunidade se unindo para torcer por um time que amavam.

Mal havia começado o primeiro tempo quando encontrei uma mãe sentada na arquibancada atrás de nós. Ela era de baixa estatura, vestida da cabeça aos pés de roxo e dourado, usando orgulhosamente um broche com o rosto do filho, um dos astros do time. Ela estava entre seus filhos mais novos e sua mãe, que se apresentou alegremente como "a avó orgulhosa".

Essa mãe era, digamos, uma torcedora entusiasmada... comemorando as jardas conquistadas, as interceptações e até mesmo as tentativas fracassadas que demonstravam paixão e devoção pelo futebol. O que mais me chamou a atenção nessa querida mulher foi seu entusiasmo por todos os jovens em campo, não apenas por seu próprio filho. Ele era um recebedor, mas ela poderia ter sido a mãe de todos os meninos que entraram em campo. Ela sabia seus nomes e comemorava suas jogadas como se eles fossem de sua própria família

Ela continuava gritando: "Estou vendo você! Número cinquenta e dois, estou vendo você!" Ela trocava o número da camisa deles pelo nome: "Thomas, estou vendo você".

Isso continuou durante todo o jogo, depois do intervalo e até o quarto período, quando um dos nossos jogadores se machucou. A equipe se ajoelhou enquanto os técnicos e um médico da equipe corriam para o campo para avaliar a lesão do jovem. Enquanto eles carregavam o rapaz para fora do campo com lágrimas rolando pelo rosto, ela se levantou e gritou: "Eu estou vendo você, John Mark. Estou vendo você, filho". Ela se levantou e continuou repetindo as palavras várias vezes.

Havia algo tão belo e tão honroso na declaração dessa mulher. Três palavras simples – estou vendo você. Fiquei pensando naquela noite em como Deus fala essas palavras para nós – estou vendo você. Ele tem prazer em nos ver, nos conhecer e nos chamar pelo nome. Ele nos vê em nossas vitórias, em nossas tentativas e quando estamos mancando para fora do campo, feridos e nos sentindo derrotados.

"Estou vendo você".

Ser visto e conhecido é algo que todos nós desejamos. É a condição humana. Ser visto quando estamos sofrendo ou lutando é um ato de amor. Quando as crianças estão em sofrimento ou desconforto, queremos eliminar a dor. Se pudermos vê-las e estarmos presentes com elas na angústia, haverá uma mudança imediata em seu estado fisiológico.

Temos de nos aproximar da emoção antes de podermos ajudar nossos filhos a superar a emoção. Quando nos aproximamos de nossos filhos em momentos de dificuldade, estamos sendo exemplos de empatia, ajudando-os a regular seu sistema nervoso e expandindo sua capacidade de flexibilidade emocional.

O desconforto é o preço de ser humano. É inevitável. É algo que os meninos se esforçam muito para evitar, suprimir ou entorpecer. Ao fazer isso, os meninos acreditam que estão demonstrando força. Quando, na realidade, estão apenas criando mais fragilidade. Quanto menos um menino compreende seu cenário emocional, mais frágil ele se torna. Frágil e fraturado. Mais segmentado e menos integrado.

Em 2019, a *American Psychological Association* (APA) (Associação Americana de Psicologia) divulgou suas primeiras diretrizes para trabalhar com homens e meninos. A APA "baseia-se em mais de 40 anos de pesquisas que demonstram que a masculinidade tradicional é psicologicamente prejudicial e que socializar os meninos para reprimir suas emoções causa danos que ecoam tanto internamente quanto externamente". As descobertas continuam dizendo: "A relutância masculina em relação ao autocuidado se estende à ajuda psicológica. Uma pesquisa liderada por Omar Yousaf, PhD, descobriu que os homens que aceitavam as noções tradicionais de masculinidade eram mais resistentes em procurar serviços de saúde mental do que aqueles mais flexíveis".[1]

O alinhamento dos homens com a masculinidade tradicional, a relutância em relação ao autocuidado e à busca por ajuda, e o fato de deixarem de lado as dificuldades, é a razão pela qual as emoções se tornaram um padrão de gênero ao longo do tempo. É por isso que a alfabetização emocional é frequentemente definida como habilidades sociais — habilidades que são fundamentais para o bem-estar e, no entanto, nos referimos a elas como inteligência emocional

Minha maior esperança é convidar pais, educadores, orientadores e qualquer um que ame estar com os meninos como uma nova maneira de ser.

Um caminho que ensina a repressão aos meninos é prejudicial à saúde.

Um caminho que ensina a se isolar e a explodir de raiva é prejudicial e Inútil.

Um caminho que valida a dor interior sempre tem um sintoma externo.

Um caminho que ajuda os meninos unirem mente e coração.

Um caminho em que a dureza e a ternura coexistem.

Um caminho em que a empatia e a conscientização são vistas como superpoderes.

Uma nova maneira de ser

O senhor Rogers é reconhecido pela frase "Se algo pode ser verbalizado, pode ser mais fácil de lidar."[2], Fred Rogers acreditava na sabedoria dessas palavras, de que todas as crianças precisavam ser vistas e conhecidas, e que ter adultos atenciosos por perto mudaria tudo. Sou grato por sua voz estar sendo enaltecida neste momento no mundo, muitos anos após sua morte. Espero que continuemos a nos apoiar na sabedoria que ele nos ofereceu, sobre como entender as crianças e entender a nós mesmos. Certa vez, o Sr. Rogers comentou: "Não acho que as necessidades básicas das crianças tenham mudado em dez mil anos."[3] Eu acrescentaria a essa citação: Acredito que suas necessidades serão as mesmas daqui a dez mil anos. A questão é como vamos suprir essas necessidades e o que vamos priorizar?

Durante anos, liderei um grupo de rapazes do ensino médio nas noites de quinta-feira. Toda semana nos reuníamos, sentávamos em volta de uma mesa grande e comíamos burritos e queso. É incrível a facilidade com que os adolescentes falam sobre qualquer coisa quando há comida envolvida. Meu escritório fica no final da rua de um restaurante mexicano, de propriedade local e muito delicioso. No início, comíamos e depois nos sentávamos ao redor da mesa para falar sobre a vida – as coisas que eles estavam enfrentando, os desafios de ser um adolescente nessa geração e as esperanças e medos que tinham para o futuro. Passamos algum tempo conversando sobre como o mundo define a masculinidade e o que poderia significar ampliar essa definição. Discutimos como o mundo definia a força e como Cristo a definia.

Na segurança daquela sala, comemorávamos a formatura do ensino médio e a aprovação nas faculdades. Aplaudimos um rapaz que tirou a carteira de motorista e outro que estava superando o medo de convidar uma garota para o baile de formatura. Comemoramos os primeiros empregos, as posições iniciais em uma equipe, os papéis principais na peça da escola, os estágios de verão e as bolsas de estudo. Lamentamos a perda de um dos pais, o fim do casamento dos pais, a perda dos amigos, avós e animais de estimação, e lamentamos com um menino que perdeu o irmão. Choramos juntos por causa de separações, desilusões amorosas, perda dos sonhos e pelo fato de um membro do grupo ter sido diagnosticado com uma doença crônica. Ao liderar esse grupo por mais de uma década, não havia uma circunstância sequer que um adolescente pudesse enfrentar que não tivéssemos vivenciado anteriormente.

À medida que os antigos membros do grupo se graduavam no ensino médio e seguiam em frente, novos membros entravam no grupo e a dinâmica mudava. A única coisa que permaneceu igual foi a garantia de ouvir todos os jovens que entravam no grupo em algum momento dizerem o mesmo: "Eu não tinha ideia de que os caras falavam essas coisas".

É importante observar aqui que eu não estava fazendo mágica na sala. Não tenho um conjunto de habilidades que não possa ser feito em qualquer cidade em uma noite de quinta-feira. Era simplesmente um lugar seguro. Não era necessária nenhuma postura. A única exigência era comparecer, e as expectativas para aquele momento eram simples.

Apareça.

Seja honesto.

Sem fingimentos.

Sem sarcasmo.

Concordar em discordar.

Respeitar uns aos outros.

Algumas vezes me perguntaram se era difícil manter essas expectativas, e posso dizer honestamente que nunca foi. Isso tinha muito pouco a ver comigo e tudo a ver com eles. Nunca precisei impor essas expectativas porque eles exigiam isso uns dos outros. Eles definiam o tom do momento, e qualquer novo membro que quisesse usar do fingimento ou do sarcasmo descobria que não havia lugar para isso na sala. Ninguém tolerava porque ninguém estava interessado nisso.

Esses rapazes viviam em uma cultura hipócrita todos os dias em suas vidas acadêmicas, esportivas e extracurriculares. Todos concordaram que era exaustivo mantê-la e que se sentiam aliviados ao se verem livres dessa cultura em casa, em amizades seguras e nesta sala nas noites de quinta-feira; era como beber água gelada em um dia quente.

O queso e os burritos certamente os atraíam para a reunião. Mas a segurança e a liberdade eram o que os mantinham lá.

Todas as vezes que conversei com um jovem ao longo dos anos sobre a possibilidade de frequentar o grupo, ele se deparava com a hesitação ou a resistência. Minha "proposta" incluía apenas se sentar e observar. Eu os desafiava a se abrirem para uma maneira diferente de estar com os rapazes da mesma idade. Como a maioria deles nunca ou raramente havia experimentado isso, estou convencido de que pensaram que eu estava tentando enganá-los. Ninguém nunca me tratou com desdém, mas tenho certeza de que isso aconteceu internamente.

Eu não os culparia. Se você tentasse me propor uma conversa honesta com rapazes da minha idade quando eu tinha dezessete anos, eu também não teria acreditado. Principalmente porque eu realmente não acreditava que isso existisse. Não sabemos o que somos ignorantes. É difícil imaginar o que não vimos.

Todos eles estavam desejando algo que nem sabiam que precisavam.

Como os rapazes quase nunca compartilham com outros o que estão enfrentando e do que estão precisando, eles carregam essas coisas sozinhos. Por mais que estejamos desesperados para saber que não estamos sozinhos, muitos rapazes vivem dessa forma.

Sempre que me sento com um rapaz cujos pais estão se divorciando, pergunto: "Algum amigo seu sabe que isso está acontecendo?" Não sei dizer quantas vezes os meninos olham para mim com olhos de como quem diz: "Por que eu diria isso a eles"? ou "Como isso poderia ajudar?" É como se nunca pensassem no assunto.

É costume não perguntar. É estranho estender a mão.

Parte do motivo pelo qual todo garoto, em algum momento, declara: "Eu não fazia ideia de que os rapazes falavam desses assuntos" é porque eles nunca viram isso. Eles não experimentaram a satisfação de serem vistos e compreendidos por seus colegas. Talvez tenham vivido isso com seus pais. No entanto, se seus próprios pais nunca vivenciaram isso, é difícil que ajam da mesma forma com seus filhos. Não podemos dar o que não recebemos. Só podemos levar nossos filhos até onde nós mesmos fomos.

O rio e o efeito dominó

Há um ditado famoso que diz "Chega um ponto em que precisamos parar de simplesmente tirar as pessoas do rio. Precisamos ir rio acima e descobrir por que elas estão caindo nele".[4] Este livro trata de subir o rio para descobrir onde os meninos estão caindo. Espero quebrar o ciclo do costume de como os meninos vivem no mundo de forma a criar um efeito dominó em seus colegas, em seu futuro cônjuge e, um dia, em seus próprios filhos.

As estatísticas que compartilhei no início deste livro são provas concretas de como continuamos a tirar os homens do rio. Vamos parar de dedicar toda a nossa energia nos resgates e vamos fazer todo o possível para nos tornarmos estrategistas.

Vamos nos dedicar, como adultos que se preocupam com os meninos, a nos tornarmos protetores e não apenas participantes.

Se você é pai, mãe ou avô, diga aos meninos que está aprendendo junto com eles. Você está empenhado em desenvolver um vocabulário emocional mais amplo. Você planeja se tornar mais hábil em falar sobre as coisas que sente e não apenas sobre o que faz. Você pretende se tornar um perito em reconhecer os sinais que seu corpo está dando quando as emoções são registradas internamente. Como um garoto de sete anos me disse: "Estou me tornando um ninja emocional!" Ele continuou relatando como estava ficando bom em nomear seus sentimentos e descobrir o que fazer com eles.

Vamos colocar nossa lista dos cinco principais em algum lugar visível. Falar abertamente sobre o que está funcionando. Deixe que os meninos vejam você indo para o ambiente espaçoso. Crie um ambiente portátil que você possa levar para outros lugares com bolas antiestresse, balões, um diário ou qualquer outro objeto que possa ser útil.

Se você é um educador, confira o excelente trabalho que o dr. Marc Brackett está fazendo no *Yale Center for Emotional Intelligence*. Explore o que significaria implementar a abordagem RULER em sua sala de aula. RULER significa reconhecer, compreender, rotular, expressar e regular

O dr. Brackett descreve o RULER como "uma metodologia de Aprendizagem Socioemocional [...] que apoia as escolas e comunidades ao compreenderem o valor das emoções, desenvolvendo as habilidades de inteligência emocional e mantando uma atmosfera positiva.[5] Sonho com o dia em que todas as escolas priorizem a aprendizagem social e emocional tanto quanto (ou mais do que) priorizamos a matemática, a leitura, as ciências e os estudos sociais. Enquanto considerarmos as habilidades socioemocionais como menos importantes ou como aprendizado secundário, as crianças vão perder uma parte vital do que precisam para serem grandes seres humanos neste mundo.

Da mesma forma, considere reservar um canto da sala de aula para que as crianças possam se acalmar. Alguns professores o chamam de "Cantinho do sossego" ou "Cantinho da paz" e o preenchem com bolas antiestresse, brinquedos antiestresse, uma bola medicinal, materiais artísticos ou qualquer atividade que ajude as crianças que precisam de uma válvula de escape. Use um cronômetro ou uma ampulheta com areia para ajudar as crianças a darem tempo para que seus colegas também usem o ambiente.

Se você é um orientador, recomendo que explore o excelente trabalho que meu amigo Scott Hearon está fazendo na *Nashville Coaching Coalition*. A NCC tem a missão de "desenvolver orientadores comprometidos e que preparem os jovens para a vida". Eles "imaginam um mundo em que o atletismo ensina a todas as crianças que elas têm seu lugar e são importantes pelo que são, não pelo seu desempenho". Essa incrível organização tem o compromisso de equipar os organizadores para serem líderes transformadores por meio de conferências, fóruns, treinamentos e grupos virtuais. Scott e sua equipe "acreditam que o atletismo juvenil oferece a oportunidade mais estratégica para ajudar os jovens a se prepararem mentalmente e emocionalmente para a vida".[6]

Considere usar parte do seu tempo de treinamento para assistir a filmes como *Meu nome é radio*; *Um sonho possível*; *O jogo de uma vida; Duelo de titãs*; *Desafiando gigantes; Somos Marshall*; *Estrada para a glória*; *Momentos decisivos*; *Temporada de furações*; *Treino para a vida; Driblando o destino*; *Voando alto*; *Carruagens de fogo*; *Arremesso de ouro*; *Fé de um campeão; Rookie – o profissional do perigo*; e *42 – a história de uma lenda*. Use esses filmes como exercícios de equipes e oportunidades para ajudar os jogadores a se desenvolverem emocionalmente e as equipes a criarem conexões significativas.

Se você é pastor de crianças, pastor de jovens, líder de pequenos grupos, chefe de escoteiros ou conselheiro de acampamento, eu o encorajo a pensar em todas as maneiras pelas quais você poderia incluir a aprendizagem social e emocional no trabalho que já realiza. Não tente reinventar a roda, e não me ouça atribuindo-lhe um novo currículo ou trabalho adicional. Quero apenas que você procure oportunidades para ajudar os meninos a falarem mais sobre como se sentem em relação às coisas que fazem. Considere a possibilidade de fazer o download de um gráfico de sentimentos e tê-lo à mão como um elemento básico de seu tempo. Deixe que ele sirva de estímulo para que você use um vocabulário mais emocional em seu dia a dia. Fale sobre a diferença entre supressão e expressão. Considere fazer um teste de agilidade emocional com base na excelente pesquisa realizada pela dra. Susan David, psicóloga da *Harvard Medical School*. Você receberá imediatamente um relatório online gratuito e um conjunto de vídeos de dois minutos que explicam a agilidade emocional – o que ela significa e como desenvolvê-la. O conteúdo vai guiá-lo instintivamente em suas interações com os rapazes em seu trabalho.[7]

Considere a possibilidade de compartilhar mais de sua própria experiência (de forma apropriada para a idade) com as dificuldades e com o medo e as maneiras construtivas que está aprendendo a lidar com o estresse e o desconforto. Explique aos meninos que uma "dieta" é, na verdade, tudo o que ingerimos diariamente, não apenas alimentos. Nosso consumo de mídia, relacionamentos e conteúdo espiritual (ou a falta dele) afeta a forma como vemos o mundo e nossa maneira de estar no mundo. Compartilhe as práticas e os hábitos que você está descobrindo serem úteis em sua própria jornada. Os meninos não só precisam ouvir essas histórias, mas também precisam ver adultos em quem confiam vivenciando uma experiência emocional em toda sua extensão. A mídia social os leva a pensar que a vida é uma série de momentos perfeitos e que, portanto, algo deve estar terrivelmente errado em sua própria vida. Sabemos que a mídia social é um corte que destaca os momentos cuidadosamente selecionados e altamente editados que simplesmente não representam a realidade.

Ajudar os meninos a encontrarem o caminho para a experiência plena de ser humano e de ser totalmente masculino é o que estamos buscando. Gastar muito tempo contando as histórias e as dificuldades não só lhes dá permissão para tê-las, mas também lhes ensina habilidades para enfrentá-las. Eles se sentem preparados para enfrentar os obstáculos quando os encontram, porque sabem que eles virão e os adultos em quem confiam também os enfrentaram. Eles não apenas os enfrentaram, mas também compartilharam suas experiências sobre como passaram por eles.

Isso também prepara o cenário para servir de exemplo em ter uma vida de fé diante dos meninos. É uma evidência concreta de como buscar Deus e os outros. Compartilhe o que significa precisar de Deus e da comunidade. Como é se abrir, estender a mão e pedir ajuda. O tipo de ajuda de que todos nós precisamos. O tipo de ajuda que fomos criados para não apenas precisar, mas oferecer. É ancorá-los de volta ao propósito e à missão pelo qual foram criados neste mundo.

Nesse contexto, vamos parar de perguntar aos meninos: "O que você quer fazer?" Vamos começar perguntando: "Quem você quer ser?"

Os meninos instintivamente se apegam ao desempenho como estudantes e atletas. Sentirão a pressão como adultos de ancorar a identidade à vocação. Perguntar aos meninos: "O que você quer fazer?" ou aos homens: "Qual sua profissão?" pressupõe que isso, de alguma forma, define nosso propósito e lugar neste mundo.

Vamos nos concentrar mais na questão "Quem você quer ser?" Essa pergunta também pressupõe que todos nós ainda estamos em uma jornada para nos tornarmos essa pessoa, e nós estamos. Todos nós somos estudantes, quer estejamos matriculados em uma escola ou não. As oportunidades de aprender e crescer estão ao nosso redor.

Sim, isso está se movendo em uma direção diferente.

Sim, ele está nadando contra a corrente.

Sim, é um trabalho árduo.

Mas acredito que é o trabalho árduo que gera um bom crescimento.

Vamos fazer o trabalho juntos.

AGRADECIMENTOS

Há muito tempo acredito que minha maior força é me cercar de pessoas que me superam e me ultrapassam. Enquanto eu estiver próximo das pessoas citadas aqui, poderei continuar a convencer os outros de que sei mais do que realmente sei.

Obrigado à incrível equipe da Bethany House e do Baker Publishing Group por todas as formas como tornaram este livro uma realidade. Em especial, a Hannah Ahlfield, por ler cuidadosamente minha primeira tentativa de escrever esse conteúdo e ajudar a transformá-lo no que você tem hoje. Este livro ainda seria uma ideia em minha cabeça se não fosse por Jeff Braun, que defendeu este projeto desde o primeiro dia e acreditou que eu tinha algo a dizer. Obrigado por todas as formas como você apoiou a mim e a este projeto.

A equipe da Minno, que torna nosso podcast possível e compartilha a missão de cuidar de crianças e famílias. Jess e Denise, é uma honra fazer parceria com vocês.

Jana Muntsinger é minha publicitária favorita no planeta e uma amiga querida. Sempre confiei em sua orientação e sabedoria constantes.

Carter Crenshaw, Trace Blankenship, John Allen, Dave Hunt e Jerry Cargile têm sido marcadores em minha vida há décadas, e não tenho interesse em correr sem vocês ao meu lado. Aprendi muito sobre o que significa ser marido, pai, amigo e seguidor de Cristo observando cada um de vocês.

A equipe da Daystar é uma das pessoas mais talentosas, dedicadas e generosas que tive o privilégio de conhecer. Não acredito que posso trabalhar com pessoas como vocês. Muitas histórias deste livro nasceram das famílias incríveis que encontrei em vinte e cinco anos de trabalho neste lugar incrível. David, Sherman, Don, Tommy, Aaron e Kenneth, obrigado por criarem meninos emocionalmente fortes todos os dias em seu trabalho. Melissa Trevathan, obrigado por me convidar para fazer parte de algo tão significativo e que gera vida.

Sissy Goff, sinto-me honrado com suas palavras no início deste livro, e você realmente é minha segunda irmã. Toda vez que palestramos ou gravamos vídeos, aprendo algo ao ouvir você, e me sinto melhor por ter estado em sua companhia.

Sharon, embora eu seja seu irmão mais velho, você sempre esteve à minha frente. Quando falo sobre os estágios de desenvolvimento, você passou por cada um deles com muita graça e paciência. Jim, sou grato por você ter se juntado à nossa família e por ter se tornado rapidamente o MVP.

Bob e Amy, eu não os considero sogros, mas irmãos. Sou grato por chamar vocês e seus filhos de minha família. Peggy, você e Robert me receberam desde o primeiro dia e me entregaram seu maior patrimônio. Sempre serei grato a vocês.

Pai, há um motivo pelo qual pedi que você fosse o padrinho do meu casamento. Você é o melhor homem que conheço neste mundo. Perder sua esposa, minha querida mãe, foi a maior perda da minha vida. Ter você perto de nós depois dessa perda foi uma das maiores alegrias. Ainda estou aprendendo com você, e tenho certeza de que sempre aprenderei.

Connie, alguém deveria colocar uma medalha de ouro olímpica em seu pescoço por ter me carregado até a linha de chegada deste manuscrito. Como em toda a vida, você torceu e comemorou, desafiou e defendeu, ouviu e trabalhou comigo. Como eu sempre disse aos nossos filhos: “Casar com sua mãe é a melhor coisa que já fiz por você”.

Lily, Baker e Witt, tenho quase certeza de que minha função era criar vocês três, mas acho que vocês acabaram me criando. Adoro ter um lugar na primeira fila para ver quem vocês estão se tornando. Espero que eu me torne como vocês três quando crescer.

NOTAS

Capítulo 1: Armadilhas e truques

1. Jane Wharton, "Heartwarming Moment Brother Helps Sister Play Basketball Then Tell"s Her "You're Strong"", Metro, October 16, 2018, https://metro.co.uk /2018 /10 /16 /heartwarming-moment-brother--helps -sister-play-basketball-8041202-strong-youre-her-tells-then.

Capítulo 3: Passado e futuro

1. "Study of 800-Million Tweets Finds Distinct Daily Cycles in Our Thinking Patterns", comunicado de imprensa da Universidade de Bristol, 20 de junho de 2018, https://www.bristol.ac.uk /news /2018/ june /twitter -study.html.

Capítulo 4: Ansiedade e depressão

1. Jamie Millar, "Meet the Man Bear-Crawling a Marathon", Men's Health, 8 de março de 2020, https://www.menshealth.com/uk/fitness /a33443922 /devon-levesque -bear/-marathon -crawl.
2. Benita N. Chatmon, "Males and Mental Health Stigma", American Journal of Men's Health 14, no. 4 (julho de 2020), https://journals .sagepub.com /doi /10.1177 /1557988320949322.
3. "About Us", Movember, https://us.movember.com /about /mental -health.
4. "Our Impact Investment Strategy", The Movember Foundation, https:// us.movember.com /uploads /files /Our %20Work /OurImpact _InvestmentStrategy.pdf.

Capítulo 5: Mães e pais

1. Gina Bria, The Art of Family (iUniverse: Bloomington, IN, 2011).

Capítulo 8: Para Deus e para os outros

1. Susan David, Emotional Agility (Nova York: Penguin, 2018), 39-40, 86.

2. Tara Parker-Pope, "The Science of Helping Out", The New York Times, 9 de abril de 2020, https://www.nytimes.com /2020 /04 /09/ well /mind /coronavirus -ansiedade -psicologia -resiliência-estresse-voluntariado.html.

3. P. S. Mueller, D. J. Plevak e T. A. Rummans, "Religious Involvement, Spirituality, and Medicine: Implications for Clinical Practice", Mayo Clinic Proceedings 76, no. 12 (dezembro de 2001): 1125.

4. Jim Robbins, "Ecopsychology: How Immersion in Nature Benefits Your Health", Yale Environment 360, 9 de janeiro de 2020, https:// e360.yale.edu /features /ecopsychology-how-immersion-nature-in--benefits -your-health.

5. Katherine e Jay Wolf, Suffer Strong (Grand Rapids, MI: Zondervan, 2020), p. 215.

6. Frederick Buechner, Wishful Thinking: A Theological ABC (Nova York: Harper & Row, 1973), p. 95.

7. Richard Rohr, Things Hidden (Cincinnati: Franciscan Media, 2008), p. 25.

Capítulo 9: Hábitos e práticas

1. Você pode encontrar um visual útil do Healthy Mind Platter em https://www.ledarskaphalsa.se/wp-content/uploads/2017/12/mindplatter.png.

2. Tim Muldoon, The Ignatian Workout (Chicago: Loyola Press, 2004), xiv.

Conclusão

1. Stephanie Pappas, "APA Issues First-Ever Guidelines for Practice with Men and Boys", American Psychological Association 50, no. 1 (2019), https://www.apa.org /monitor /2019 /01 -corner /ce.
2. Fred Rogers, citado por Rick Fernandes, "Anything Mentionable", Fred Rogers Center, 13 de fevereiro de 2018, https://www.fredrogerscenter.org /2018 /02 /anything /-mentionable.
3. Fred Rogers, citado por Eileen Ogintz, "Neighborhood Hero", Chicago Tribune, 6 de março de 1988, https://www.chicagotribune .com /news /ct -xpm-1988-03-06-8804050228-story.html.
4. Essa citação é frequentemente atribuída a Desmond Tutu.
5. Marc Brackett, "RULER", https://www.marcbrackett.com /ruler /. Consulte também https://www.rulerapproach.org /.
6. Nashville Coaching Coalition, https://nashvillecoachingcoalition .com /about -us.
7. Susan David, "The Quiz: Emotional Agility", https://www.susandavid.com /quiz.

Este livro foi composto por Maquinaria Sankto Editorial nas famílias tipográficas Alternate Gothic, Archer Pro, Poppins e STIX Two Text. Impresso pela gráfica Viena em junho de 2025.